サッカー

プレーモデルの教科書

個を育て、チームを強くするフレームワークの作り方

濵吉正則
九州産業大学サッカー部 監督
UEFA PRO Coaching Diploma

KANZEN

はじめに

ヨーロッパから帰国し、3年が経とうとしています。オーストリアでは、2016年4月にSVホルンの監督を務めさせていただきました。結果として3部リーグで優勝し、2部リーグに昇格を果たしたことで、当時、ヨーロッパのプロリーグで監督を務めた初めての日本人になることができました。また、このオーストリアでの監督経験を通じて「またヨーロッパは日本より10年は進んだな」「日本のサッカーとは別物」と感じ、『プレーモデル』の重要性も知ることができました。

現在、私は九州産業大学サッカー部を指導する傍ら、ヨーロッパでの監督経験を活かし、日本で指導者講習会などを開催しています。ヨーロッパでは、当たり前のように使われるプレーモデルという言葉を、最近は日本でも多く見聞きするようになり、またプレーモデルに関する書物や資料も多く見られるようになりました。

今になって思えば、私は本格的に指導者を志したときからプレーモデルを通して、指導者としての学びをしてきたように思います。大阪体育大学時代に指導を受けた祖母井秀隆氏からプレーモデルの基礎となる「共通理解」の重要性を学び、大学1年生頃に2軍の夏合宿で、後に私のスロベニアでの師匠となるズデンコ・ベルデニックから、当時ヨーロッパでトレンドになりつつあった「ゾーンプレス」の指導を受けました。

また1995-1999年の４年間スロベニアへ留学し、ベルデニックに加え、故ブランコ・エルスナー（元オーストリア代表監督 他）というの３人目の師にも出会うことができました。エルスナーからは、プレーモデルの理論と実践、育成における一環指導やタレント発掘について学びました。SVホルン監督就任の際にはブランコ・エルスナーの弟子ということで紹介され、改めてエルスナーの偉大さを認識しました。

日本に帰国し、改めて感じたのが日本では様々なメソッドやスタイルが乱立し、指導者がそれらをつまみ食いしているような状態になっていることです。育成年代においても、指導者や選手が混乱し、本来持っている選手の力や可能性を引き出せていないようにも感じます。

おそらく、この本を手にとられた方は、『プレーモデル』『プレー原則』『戦術的ピリオダイゼーション』など、ここ５、６年でヨーロッパから入ってきた新しいサッカー理論への興味や疑問を抱いているのではないでしょうか。また、指導への行き詰まりや指導体系を整理したい、指導を始めたばかりで体系的にサッカーを学びたい方もいらっしゃるでしょう。私は、長年の指導活動を通して得てきた理論や経験が、読者のみなさんの役に立つことができればとてもうれしく思います。

[CONTENTS]

[凡例]

○…攻撃側 ●…守備側 ◁…3チーム目 ◎…フリーマン ▶…スティック ▲…コーン ●…マーカー
ボールの動き ⟶ 人の動き - - ▶ ドリブル 〜▶

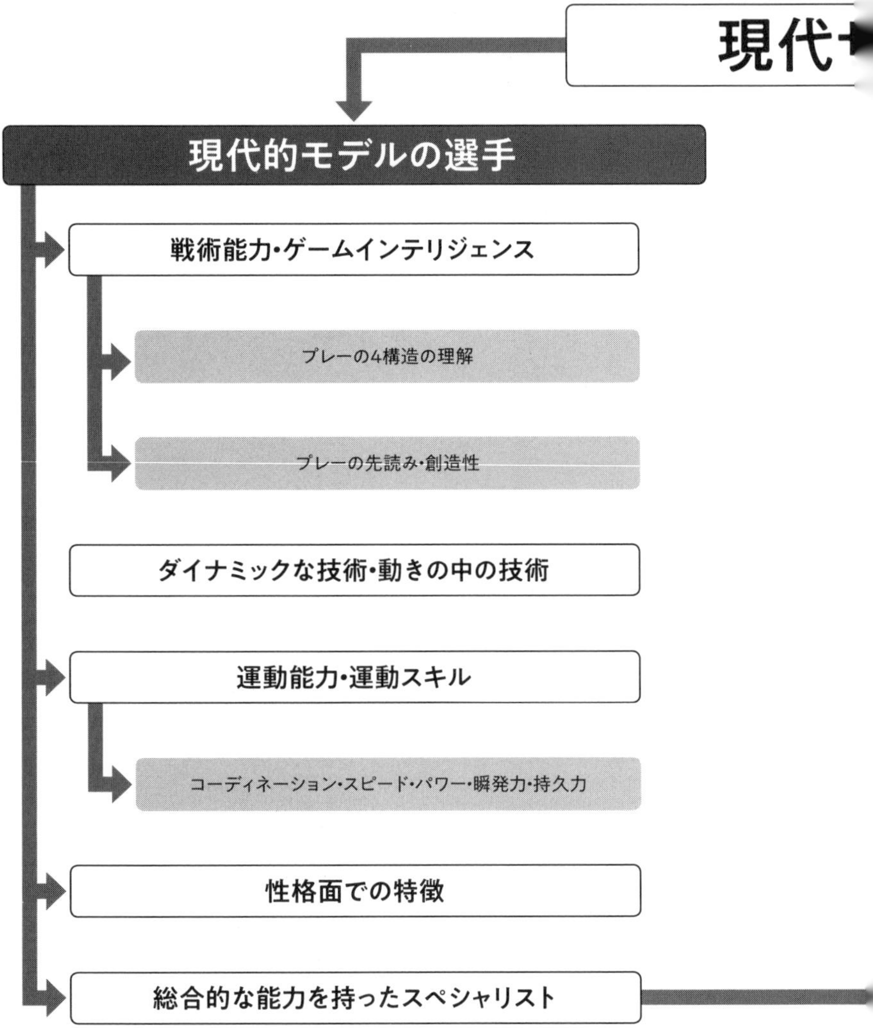

現代サ

現代的モデルの選手

- 戦術能力・ゲームインテリジェンス
  - プレーの4構造の理解
  - プレーの先読み・創造性
- ダイナミックな技術・動きの中の技術
- 運動能力・運動スキル
  - コーディネーション・スピード・パワー・瞬発力・持久力
- 性格面での特徴
- 総合的な能力を持ったスペシャリスト

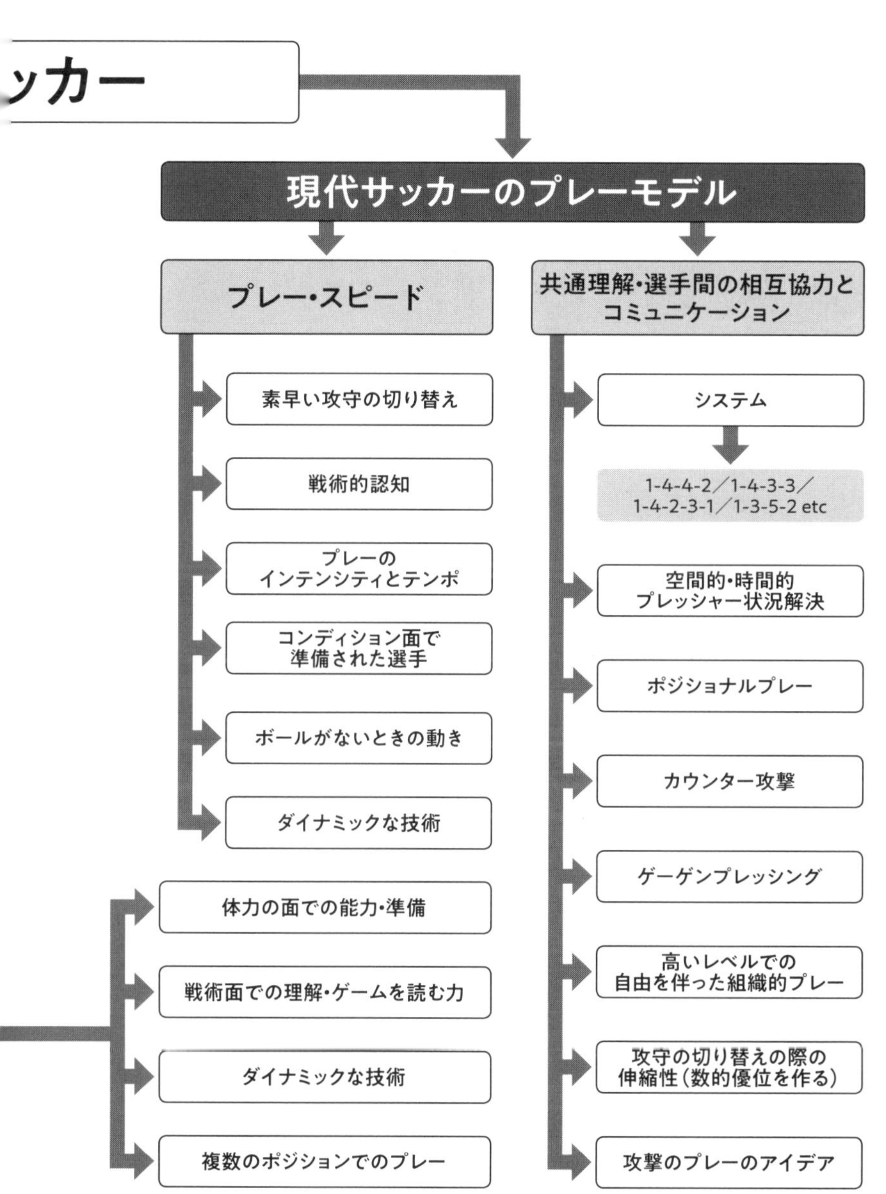
ッカー
現代サッカーのプレーモデル
プレー・スピード
素早い攻守の切り替え
戦術的認知
プレーの
インテンシティとテンポ
コンディション面で
準備された選手
ボールがないときの動き
ダイナミックな技術
共通理解・選手間の相互協力と
コミュニケーション
システム
1-4-4-2／1-4-3-3／
1-4-2-3-1／1-3-5-2 etc
空間的・時間的
プレッシャー状況解決
ポジショナルプレー
カウンター攻撃
ゲーゲンプレッシング
高いレベルでの
自由を伴った組織的プレー
攻守の切り替えの際の
伸縮性（数的優位を作る）
攻撃のプレーのアイデア
体力の面での能力・準備
戦術面での理解・ゲームを読む力
ダイナミックな技術
複数のポジションでのプレー

第1章

なぜプレーモデルが必要なのか？

プレーモデルとは何か。なぜ必要なのか？

「プレーモデル」という概念は、私が1999年にスロベニアから帰国した当時は、日本では一般的ではなく、まだそれほど見聞きすることはありませんでした。しかし、1992-93年に日本代表監督を務めたハンス・オフトが「スモールフィールド」「アイコンタクト」「トライアングル」といった、今でいう「プレー原則」を用いてチーム組織を構築させており、この頃から「コンセプト」「共通理解」という言葉も使われるようになったのではと考えています。そういう意味では、**「プレーモデル」＝「コンセプト」**と言っても差し支えないでしょう。

「プレーモデル」または「ゲームモデル」という表現は様々な言語で訳されています。例えば、スロベニア語では「MODEL IGRE」となり、これを日本語に訳すと「プレーモデル」となります。他の言語では「ゲーム・モデル」と訳されているようですが、「プレーモデル」と「ゲームモデル」は、同義だと認識しています。
「プレーモデル」という言葉自体は、新しい言葉ではありません。ヨーロッパでは50年以上前からすでに使われていたようです。私が25年ほど前に受講したスロベニア、または、UEFAライセンスコースでは、すでにプレーモデルに従ったトレーニングの構築がC級ライセンスからカリキュラムに組み込まれ、講義内容も「プレーモデルの構築」「プレーモデルに則したトレーニング」、試験では「プレーモデルについて記述せよ」といったものがあり、視察レポートは「プレーモデルとそれに対してマイクロサイクル（週のトレーニング）」の提出、などいった内容がすでに盛り込まれていました。

UEFAライセンス講習会では、著名な指導者を呼んだり、当時のトレンドだったアリゴ・サッキ（元ACミラン監督）やマルセロ・リッピ（元イタリア代表監督）のトレーニングを視察した指導者からプレーモデルを実際にプレゼンテーションしてもらうこともありました。

ライセンスコースの講習や実技では、旧ユーゴスラビアの指導者、ミロスラヴ・ブラジェビッチ（元クロアチア代表監督）、故トミスラウ・イビッチ（元FCポルト監督）らだけでなく、オーストリアやドイツで活躍する指導者たちから、自分が率いているチームのプレーモデルと実際のトレーニングを見せてもらいながら、「現代のプレーモデルに従ったトレーニングの構築」を学ぶことできました。

スロベニアではズデンコ・ベルデニックが代表チームの監督を務めながら（1994 - 1997年）指導者養成の責任者も務め、ベースのなかったスロベニアにプレーモデルを作りあげました。ユーロ96とフランスワールドカップ予選を戦いながら、ライセンスコースではスロベニア代表のプレーモデルやそのトレーニングメソッドなどを受講する指導者に紹介し、予選を通じて現場で経験したヨーロッパの舞台で戦うために必要なことなどを伝えていきました。その後、受講生でもあったスレチコ・カタネツ（元ユーゴスラビア代表）が引き継ぎ、それが独立から僅か10年ほどで2002年日韓ワールドカップ出場につながりました。

当時、ゾーンプレスでトレンドの中心にいた、アリゴ・サッキがUEFA内の代表監督を集めてイタリア代表のプレーモデルの講習会を行ったり、オランダのライセンス講習に呼ばれてプレゼンテーションを行ったりしていました。

他国でもフース・ヒディング（元オランダ代表監督）やロナ

ルド・クーマン（FCバルセロナ監督）など現役監督が自らのプレーモデルやプレー原則に基づくトレーニングを披露することはそれほど珍しいことではありません。

日本に足りないのは“自国のプレーモデル”

プレーモデルを構築する成功の鍵は、トレンドをうまく取り込みながら自国化していくことにあります。まずは、トレンドを取り入れてプレーモデルの自国化に成功した国をいくつか紹介していきます。

ドイツ化 → オランダ＋スペイン＋フランス＋イタリア
フランス化 → ユーゴスラビア＋東欧
スペイン化 → オランダ＋フランス
日本化 → ？

現代サッカーにおいて、ヨーロッパのトレンドを牽引しているスペインも、かつてはフィジカルに偏重していた時代があったと聞きます。FCバルセロナでオランダの「トータルフットボール」の考え方が浸透すると、リヌス・ミケルス（元オランダ代表監督）からそれを受け継いだヨハン・クライフ（元FCバルセロナ監督）によって1980年代後半から1990年代初めにバルセロナでドリームチームが誕生し、そして、ペップ・グアルディオラへと受け継がれました。その間フランスからの影響も受け、それがスペイン化し、代表チームも含めて成功を収めました。

ドイツも1990年代後半に現代サッカーから取り残され、2000年頃の危機的な状況からスペイン、フランス、オランダの良いところを取り入れて自国化に成功しています。また、サッキのゾーンプレスからヒントを得て、「ゲーゲンプレッシング」そして「８秒以内にボールを奪い、10秒以内にゴールへ至る」という縦に速いサッカーを考え出しました。現代サッカーを取り入れたラルフ・ラングニック（元RBライプツィヒ）はドイツ内に影響を与えただけではなく、現在ヨーロッパのトレンドを牽引する中心になっています。現在では、他のメソッドが入り込む余地がないほど浸透していると言われています。

ヨーロッパでトレンドになっている国でさえも、自国の文化にトレンドを取り入れてプレーモデルの自国化に成功しています。

日本のJFAアカデミー福島のモデルとしても知られているINF（クレールフォンテーヌ国立サッカー学院）は「我々は育成モデルを作るにあたり、東欧から多くのことを学んで取り入れた」と話していました。旧ユーゴスラビアの名門クラブ、レッドスターやパルチザンに５年ほど研修に通い、旧ユーゴスラビアのメソッドの中からテクニック教育を学んだといいます。また、70〜80年代のフランスリーグでは、日本でも馴染みのあるイビチャ・オシムやバヒド・ハリルホジッチをはじめ、メフメド・バジダレビッチ（元ボスニア・ヘルツェゴビナ代表監督）など、旧ユーゴスラビアをはじめとした多くの東欧出身選手がプレーし、テクニックの面で影響を与えたそうです。

また、あまり知られていないですが、1998年にワールドカップを制したフランス代表にディディエ・デシャンやマルセル・デサイーなど、５名もクラブに在籍経験のある選手を送り込んだFCナントは独自のスタイルを構築し、アカデミー組織「ナント学校」を作り出し、ヨーロッパ中に広げています。この「ナントスタイル」は、オシムやバルセロナにも影響を与えていたようです。

私が2016-18年までいたオーストリアは、ローカルなレベルからトッププロまで基本的には同じスタイルのサッカーでプレーしていました。唯一レッドブル・ザルツブルクだけはドイツのRBライプツィヒと同じプレーモデルを持っていますが、オーストリアの名門ラピッド・ウィーンやオーストリア・ウィーンなど伝統のあるチームは、独自のカルチャーこそ持てども基本的には変わりのない「オーストリアスタイル」です。

育成年代など、下のカテゴリーを見てもスタイルは大なり小なり同じように見受けられました。「それでは個性がないのでは？」と考える方もいらっしゃると思いますが、個性はそれぞれのチームにいる選手によって異なってきます。同じモデルでも選手が違えば、個性に違いは出るのです。グアルディオラのバルサとバイエルンでは違いがありましたよね。

スロベニア共和国は200万人の小国であり、サッカー人口は約３万人しかいません。なので、競争選抜的に**ふるいにかけるだけではなく今いる選手を育てていく**という考えをしっかり持っています。以前は、アンダー世代の代表監督がそれぞれ個々が持つスタイルで勝ち負けを競ってきました。その結果、U-17からU-18に移行する際に選手が引き継がれなかったり、スタイルの違いからうまく移行できなかったりという問題を抱えていたそうです。しかし、現在はU-20まで現代的なスタイルのプレーモデル、プレー原則、メソッドで統一したことで、タレントの漏れも少なくなり、ヨーロッパ選手権などでも結果が出せるようになってきました。

ここまで書いてきたように、私は様々な国を訪れました。その中で気がついたのは、育成年代のローカルなレベルのサッカーを見れば、その国のスタイルやプレーモデルが見えてくるということです。

ところが日本ではこの20年、トルシエ、ジーコ、オシム 、フランスメソッド、スペインメソッド、「誰々の、どこどこの国の、○○をモデルにして」といった話をよく聞きました。また、代表監督やトレンドが変わるたびに、モデルが左右されていることも見受けられます。「○○監督のメソッドを日本のスタンダードに――」と言っていたことが、年月が経過すると、あまり聞かれなくなるという状況が長年繰り返されています。

代表監督が変わるたびにプレーモデルが変わって、トルシエの時はトルシエ、オシムの時はオシムのサッカーになっている。そうではなく、自国のモデルを構築することが大切なのです。もちろんアップデートは必要ですが、一つひとつの財産が残っておらず“日本化”ができていないように感じます。「日本のスタイルとは？」といっても、明確なものが存在しない状況ではないでしょうか。国内外のメソッドが乱立し、スタイルや哲学というものをプレーモデルに従いながら構築していくという視点が欠けているのです。

日本の指導現場では、トレーニングの構築がつまみ食いになる光景が多く見られます。「日本一のチームの練習法を取り入れた』『面白い斬新な練習でしょ？」という話で止まってしまい、（プレーモデルとトレーニングの間に）繋がりがないのです。確かに練習自体は面白いのですが、自チームのプレースタイルやモデルの構築には繋がっていないことが見受けられます。ボールを持ったらどこに出すのか、どこに動くのか、相手がボールを持ったらどうするのか……。そういった共通認識を持つことができない。彼らに決まって欠けている部分は「プレーモデル」につなげていくという視点です。

日本の指導者たちは、世界で一番お金をかけて海外から学んでいると思います。日本人は勤勉です。これほどサッカーの書物が溢れている国も珍しく、ドイツやオーストリアの書店でサッカーの指導書を見ることはほとんどありませんでした。日本にいても様々なメソッドにふれることもできます。しかし、それですべてを知った気になってしまうことは危険です。「海外にいかなくても十分な情報は手に入る」といったように「十分情報は入っている、海外から学ぶものはないのでは」いう声が聞かれますが、そんなことはないのです。現場で感じる本質的な「ヨーロッパサッカーの凄さ」は十分に伝わっていないように感じています。私が、2016年にSVホルンの監督に就任し、久しぶりにヨーロッパに戻ったときに感じたのは「自分が思っている以上にヨーロッパは10年程先に進み、さらに差が開いたな」ということでした。日本にいながらも最先端を敏感にキャッチしていたつもりでしたが、まったく別物でした。2017-18シーズン、オーストリア・ブンデスリーガ２部で監督を務めていた時、週末は各国の試合をチェックするのが日常でしたが「ヨーロッパサッカーは毎週アップデートや進化している」ような感覚を得ていました。ある監督がはじめた戦術を、次の週にはオーストリア２部の監督がトライしているようなことは当たり前でした。帰国して約３年が経ちますが、日本国内だけにいるとヨーロッパサッカーとの「時差」は正直感じます。

UEFAライセンスが統一されて25年ほど経ちます。より多くの情報が行き届くようになりました。そのおかげでアイスランドのような小国が発展しました。以前は、その国のコーチングスクールを受講しなければ入らない情報が多くありました。現在UEFAでは定期的に、各国のコーチングスクールの内容を他国のインストラクターや指導者にプレゼンテーションをしています。トレーニングを見るだけではなく『うちはこうやっている』ということまでディスカッションします。すると、それまで出ていなかった情報がオープンになる。これが大きいのです。

現代サッカーの発展には、プレーモデルに従ったトレーニングの発展が関与しています。そして、近年ではこれに加えて「サッカーのピリオダイゼーション」「戦術的ピリオダイゼーション」などの理論があります。それらは、ヨーロッパ内のプレーモデルに従ったトレーニングに組みこまれています。ヨーロッパのチームがすべて「サッカーのピリオダイゼーション」「戦術的ピリオダイゼーション」に従ってトレーニングしているわけではないのですが、成功している多くのチームはこの理論を取り入れているように思います。

UEFAライセンスが統一された影響として大きかったのは、自国のものを学ぶというだけでなく、様々な知見が国を越えて入ってくるようになったことです。私がいた旧ユーゴスラビア圏では、ロシアをはじめ東ドイツのライプツィヒ大学での研究などのトレーニング理論がベースとなっていました。また社会的なシステムの影響もありましたが旧東欧には西側にはあまり見られない、一流の指導者でありながら同時に大学の教授でもあった方が多く存在していました。日本でも活躍したジョゼフ・ベンゴロシュ（元スロバキア代表監督）ブランコ・エルスナー（元オーストリア代表監督）らがその筆頭です。

UEFAライセンス統一の際に言われていたのですが、西側（の指導論）は運動学的な観点に欠け、経験だけに頼った理論が見受けられた一方で、監督としても優秀だった研究者が実践を重ねた理論の構築や、スポーツ科学の研究や運動学、トレーニング学に基づいた理論が東側の強みとしてあったそうです。

その後EUが東欧諸国に拡大していく中で、そういった情報が西側にも行き渡ったことでヨーロッパサッカーの発展に影響を与えました。ドイツの改革には東ドイツのスポーツ理論が入っていったと聞きます。もちろん、そういった流れ自体はずっと昔からあって、全部が一気に変わったわけではありません。

現代サッカーの潮流で言えば、1974年ワールドカップのミケルスが率いたオランダ代表に始まり、1980年代終わりからサッキのゾーンプレスと、クライフのドリームチームへ至りました。近年では、スペインがポジショナルプレーの旗頭となり、ドイツがラングニックの理論にスペイン要素をミックスしたものがトレンドへと変化しています。そうした一連の流れというのは、すでにあった土台に外の情報を採り入れながらアップデートしてきたものだと考えています。

近年は日本サッカー界も、香川真司選手や内田篤人選手のようにヨーロッパの第一線で活躍する選手が登場し、現在も南野拓実選手がリバプールに所属しています。また、若手選手たちも次々にヨーロッパへと旅立ち、活躍しています。久保建英選手（ビジャレアル）はその筆頭でしょう。彼は今後ヨーロッパでも、トップクラスのタレントになる可能性を秘めた選手です。

彼らのように、日本人選手がポテンシャルを持っていることは実証済みです。決して日本が遅れているのではありません。むしろ、もっと大きな可能性を持っているのです。今後はさらにトップ・オブ・トップのタレントを生み出し、Jリーグからヨーロッパのトップクラブへと移籍できるような時代が来ることを望んでいます。

「プレーモデル＝型にはめる事?」

プレーモデルとは何か？

様々な解釈がありますが、プレーモデルとプレーシステム（1-4-4-2etc）は混同されることがあります。ここではプレーモデルをこう定義付けします。

『監督やクラブのフィロソフィーを基に、攻守のプレー原則に従って共通理解を持ったプレーを行い、個々の力を引き出すこと。選手個々のゲームインテリジェンスを高め、選手間のプレーの共通のアイデアとクリエイティブさを引き出すこと』

以下のことが特徴として挙げられます。

●攻守両面での共通理解（選手間相互協力－コミュニケー

ションの方法)。現代サッカーにおけるプレー原則と選手の能力に左右されます。

- プレーモデルの理想的な組織性と調和を模倣した組織構造。
- 近代サッカーにおける役割はその分野における現在のトレンド、そして現在のトレンドから予測される未来サッカーを示していくことになります。

プレーモデルを構築する一番の目的は、**プレー原則を身につけながら、チームとしての共通理解を高めて個々の力を引き出すこと**です。それがあるから個々のゲームインテリジェンスが高まっていくのです。それが鍛えられれば、選手同士にプレーの共通のアイデアが生まれます。サッカーは複合的なスポーツで、11対11で戦い、攻守に境目が明確ではなく、そしてボールが丸く偶然性が高いスポーツです。だからこそ、チームでプレー原則を設定し、共通理解を高めていかなければ勝利は目指せません。

「近代サッカーのトレンドに従い相手より1歩2歩先に行くことが、競争に打ち勝つために大切なことである」
――アーセン・ヴェンゲル

以前、アーセナルに研修で行った際に聞いたヴェンゲルの言葉です。プレミアリーグやヨーロッパで競争に打ち勝つためには、トレンドを模倣するだけでは十分ではなく、その先をいく必要があります。2019-20のUEFAチャンピオンズリーグでベスト4に残ったチームも現在のトレンドの中で、それぞれの哲学がある素晴らしいチームばかりでした。

25年ほど前、ドイツサッカーは時代遅れになり、ドイツ人監督は国外では成功しないとまで言われていましたが、現在ではトレンドを牽引する存在となっています。

生前、ヨハン・クライフはジョゼ・モウリーニョのサッカーに対して『破壊のサッカー』と称し、このようなコメントをしていました。

「勝ち負けも大切であるが、最も大切なのは未来のサッカーのため、子どもたちのために正しいサッカーを示していくことは教育的な意味でも重要です」
―― ヨハン・クライフ

勝ち負けのためだけではなく、未来のサッカーや発展のためにもトレンドの進化は指導者の重要な役割となります。

育成面でのプレーモデル
『時代遅れの選手を育成しないために』

時代遅れの選手を育成しないために――。

スロベニアC級ライセンスコースを受講したときに最初に言われた言葉です。受講生は「現代サッカーの特徴とこの図（**[図1]**）をしっかり頭に叩き込んでおけ！ 時代遅れの選手を育成したら君たち指導者の責任だ！」とエルスナー氏に言われました。

[図1]　育成モデルのサイクル

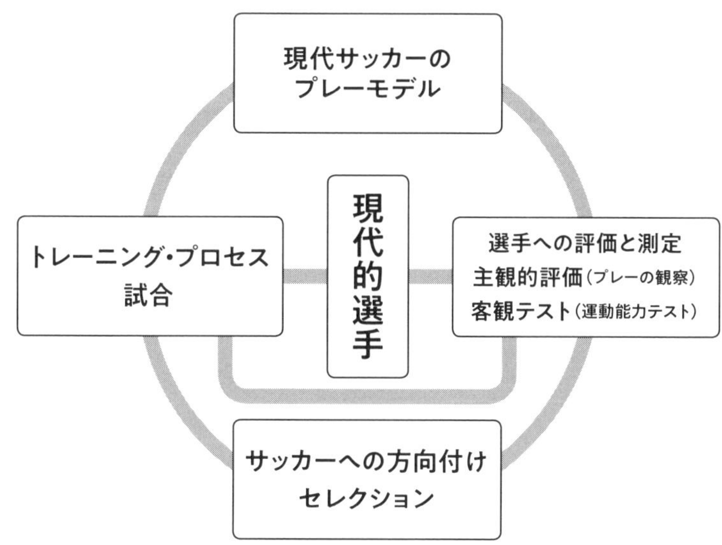

育成の指導者は、**現代サッカーを理解し、そして未来のサッカーを予測することが大切です。**4種年代であれば、10年後に輝く選手を育成していくことです。それが目標になり未来に向けた育成の考え方として大切になります。プレーモデルがあることで遅咲きの選手を逃さず、余裕を持った指導を行うことができます。また、選手を長い間預かることが一貫指導ではありません。

ところで、日本で個の育成と言えば、局面の1対1ばかりが取り上げられます。だから、たくさん1対1の練習をするといった考えになりがちです。しかし、いざ試合でその状況になるとうまくいかないことが多々あります。

サッカーでオン・ザ・ボールが約束された状態とは、どんな状況だと思いますか？

実はキックオフを含めたセットプレーの時だけなのです。それ以外は、たとえ1対1の状況であってもボールのないところからスタートしています。要するに、味方と合わせて動いたり、ボールをもらうタイミングを図ったり、プレーのほとんどに他人が関わるコミュニケーションが必要になります。そう考えると、トレーニングは、いかに複合的にアプローチをするかが大事になります。

日本では未だにテクニックに対する信仰が強くあります。テクニックやボールタッチが上手くなれば、顔が上がり、判断ができるという指導者がいますが、選手間のコミュニケーションが大切で認知という観点では十分ではありません。

もちろん、14-15歳までは学習期と称されるとおり、普遍的基礎的な技術、個人・グループ戦術などをしっかり身につける時期です。「ドリブルだけ」「パスだけ」「リアクションだけ」といったように何かに偏った指導は決して好ましいことではありません。**[図2]** はスロベニアサッカー協会の年齢別の育成指針にプレーモデルの項目を加えたものです。成長にあわせたトレーニングをして行く中で現代サッカーに必要なプレーモデルやプレー原則を少しずつ導入しておくことが必要なのです。

[図2]　年齢別トレーニング

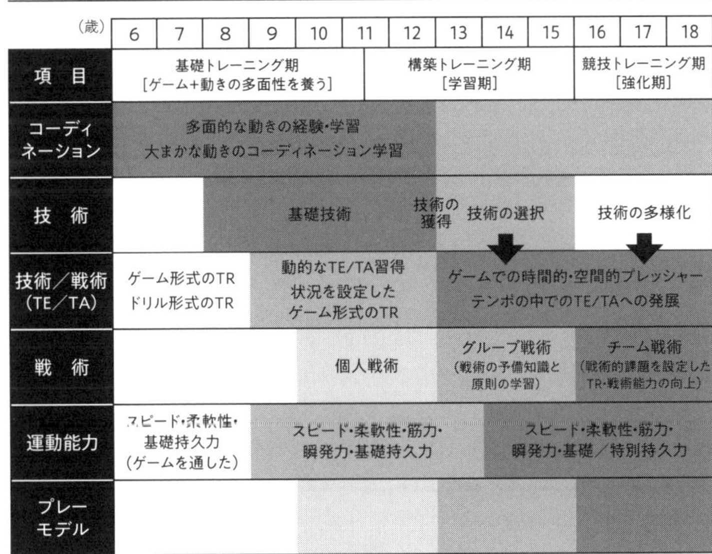

(歳)	6	7	8	9	10	11	12	13	14	15	16	17	18
項目	基礎トレーニング期 [ゲーム+動きの多面性を養う]						構築トレーニング期 [学習期]				競技トレーニング期 [強化期]		
コーディネーション	多面的な動きの経験・学習 大まかな動きのコーディネーション学習												
技術			基礎技術					技術の獲得 技術の選択			技術の多様化		
技術／戦術（TE／TA）	ゲーム形式のTR ドリル形式のTR			動的なTE/TA習得 状況を設定したゲーム形式のTR				ゲームでの時間的・空間的プレッシャーテンポの中でのTE/TAへの発展					
戦術					個人戦術			グループ戦術（戦術の予備知識と原則の学習）			チーム戦術（戦術的課題を設定したTR・戦術能力の向上）		
運動能力	スピード・柔軟性・基礎持久力（ゲームを通した）			スピード・柔軟性・筋力・瞬発力・基礎持久力					スピード・柔軟性・筋力・瞬発力・基礎／特別持久力				
プレーモデル													

プレーモデルの持つ効果とは?

プレーモデルからプレー原則を設定することにより、チームとしての方向性が明確になり、選手がどう頑張ればいいのか、設定がしやすくなります。

プレーモデルは選手のパフォーマンスを引き出すことで、勝ち負けを左右し、そして選手の成長につながります。プレーモデルがなければ指導者や選手は何を基準にしていくのでしょうか？　何をもとに頑張っていけば良いのでしょうか？「這い上がってこい！」「気持ちが見えない！」「感じろ！」「センスがない！」など。

未だに育成年代でこういった言葉を耳にします。

どう頑張れば良いのか、選手も親も、もしくは指導者も、迷走する原因になるのではないでしょうか？

プレーモデルによって活かされる選手、輝いていく選手たちと差が出てきます。例えば、全盛期のバルセロナでのメッシのプレーとアルゼンチン代表でのプレーは違いがあり、代表とクラブの違いがあるにせよ、プレーモデルの違いによって、メッシのパフォーマンスに違いがあったように見られました。これは両者間でのプレーモデルの違いによる差ではないでしょうか？

例えば、北海道コンサドーレ札幌のミハイロ・ペトロヴィッチ監督はスロベニア、オーストリアで監督を務めていた時代から、選手育成に優れた監督として知られ、多くの選手が代表で活躍しています。日本でも同様に、彼に指導を受けた選手の多くが、日本代表に選ばれています。鈴木武蔵選手のように、札幌で飛躍し、海外移籍を果たす選手もいます。これらのケースは、彼の持つ哲学やプレーモデル及びプレー原則に影響されているのでしょう。

一方で、移籍してきた選手が力を発揮しきれない状況にも遭遇してきました。他チームで活躍してきた選手が力を出せない……。これらの多くはプレーモデルやプレー原則との相違で起こる問題でした。かつて『オシムチルドレン』と呼ばれた選手たちが、オシム退任後に力を出せなくなり、移籍先でも思ったような活躍ができなかった選手もいました。これは、オシムによって力を引き出されていたことの表れと言えるでしょう。

プレーモデルの出発点は現代サッカーを知ること

プレーモデルと現代サッカーのモデルの特徴は同じだと考えてください。**[図3]**の様に分類されます。

[図3]　プレーモデルと現代サッカーのモデルの特徴

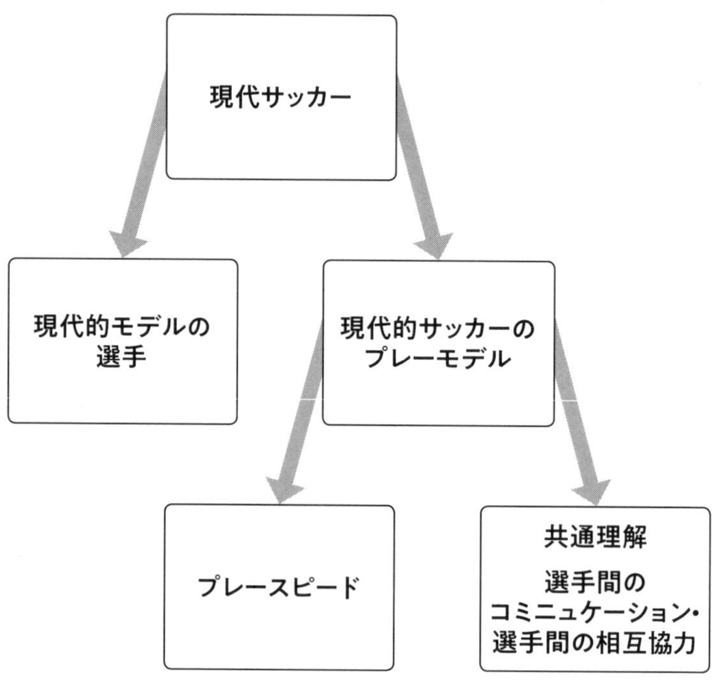

▼プレーモデル の構成要素

1.共通理解（コミニュケーション・選手間相互協力）

現代的プレーモデルの最も重要な特徴です。良い結果のために攻守両面でどのように協力し合うかという基本的なルール。

2.プレースピード（プレーのダイナミックさ）

現代サッカーのモデルとなるチームは

現代サッカーのモデルにあてはまるチームはどのようなチームだと思いますか？　バイエルン・ミュンヘン、リバプール、RBライプツィヒ、マンチェスター・シティなどが挙げられるでしょう。つい最近までトレンドの中心であったFCバルセロナやスペイン代表は現在の発展に関与しています。

現代サッカーの歴史に大きく影響を与えたのが74年のオランダ代表の「トータルフットボール」だと考えると、その後にトレンドになった「ゾーンプレス」「アヤックス」「スペイン代表」などはすべてこの「共通理解・選手間のコミュニケーション」「プレースピード」の特徴に当てはまります。

おそらく今後も様々なトレンドが出てきても、この特徴から外れることはないでしょう。**[図4]** はスロベニアサッカー協会の理論を元に、この25年の特徴を現代サッカーのトレンドに基づいて加筆していきました。例えば以前は「ポジショナルプレー」はミケルスからクライフ、クライフからグアルディオラに受け継がれていったもので、オランダでは「ポジションプレー」ともいわれていました。

レッドブル・グループのサッカー開発部門責任者だったラングニックが提唱する「ゲーゲンプレッシング」は以前サッ

キが提唱した「ゾーンプレス」を進化させたもので、時代と共に改良されています。

新たなトレンドのつまみ食いにならないためには、現代サッカーやプレーモデルの特徴を抑えることで、トレンドをうまく取り入れていくことです。

[図4] のような特徴を押さえておくことで、新しいトレンドと言えるメソッドが入ってきたり、出現したりしたときに「これはここの部分の話だな」と理解したうえで、トレンドの中で必要な、良いと思える部分だけを取り入れていくことができます。つまり、指導者は自分たちのプレーモデルを作り上げるときに、非常にスムーズに行えるようになるのです。

「現代サッカー」の各構成要素について考える

ここからは、**[図4]** に沿って、「現代サッカー」の各項目について説明していきます。

▼「現代サッカーのプレーモデル」の「共通理解・選手間のコミュニケーション」

少し硬い日本語ですが、選手間の相互協力とも言えます。

[図4]　現代サッカーに含まれる要素

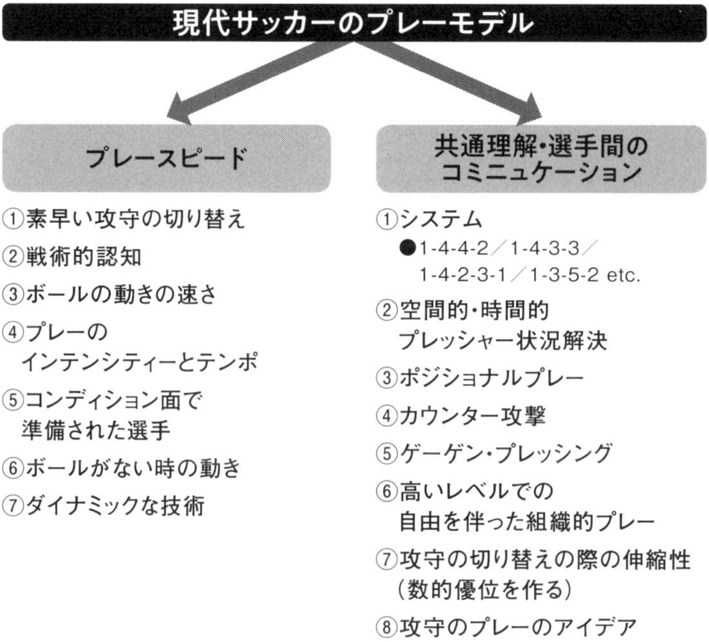

現代サッカーのプレーモデル

プレースピード

①素早い攻守の切り替え
②戦術的認知
③ボールの動きの速さ
④プレーの
インテンシティーとテンポ
⑤コンディション面で
準備された選手
⑥ボールがない時の動き
⑦ダイナミックな技術

共通理解・選手間のコミュニケーション

①システム
●1-4-4-2／1-4-3-3／
1-4-2-3-1／1-3-5-2 etc.
②空間的・時間的
プレッシャー状況解決
③ポジショナルプレー
④カウンター攻撃
⑤ゲーゲン・プレッシング
⑥高いレベルでの
自由を伴った組織的プレー
⑦攻守の切り替えの際の伸縮性
（数的優位を作る）
⑧攻守のプレーのアイデア

攻守における動きの原則でプレー原則のもとになります。コミュニケーションとは話すコミュニケーションや指示の声などではなく、動きのコミュニケーションを指しています。

[図5] は、動きのコミュニケーションをわかりやすくしたものです。動いた味方に対し、ボールを持った選手が「タイミング」「方向」「スペース」「スピード」などを考えてパスを出す。動いて受ける選手も「タイミング」「方向」「スペース」「スピー

ド」などを考えてボールを受けます。

これが1+1の動きのコミュニケーションになります。つまるところ認知→選択→実行です。これが成立しなければ何が問題だったかが明確になります。タイミング？ 方向？ 技術？ 具体的な問題はどこにあったのかがわかれば次に向かっての改善がしやすくなります。

例えば「センス」「感じろ」「走ってろよ」などで片付けられてしまい、論理的に指導を受けていない場合、評価基準がバラバラです。こうならないためにはプレー原則を設定することが大切になります。

[図5]　共通理解・選手間のコミュニケーション

コミュニケーションの成功

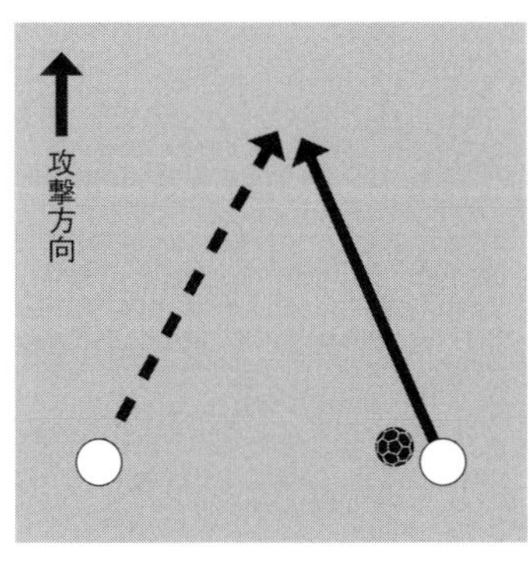

コミュニケーションの不成立

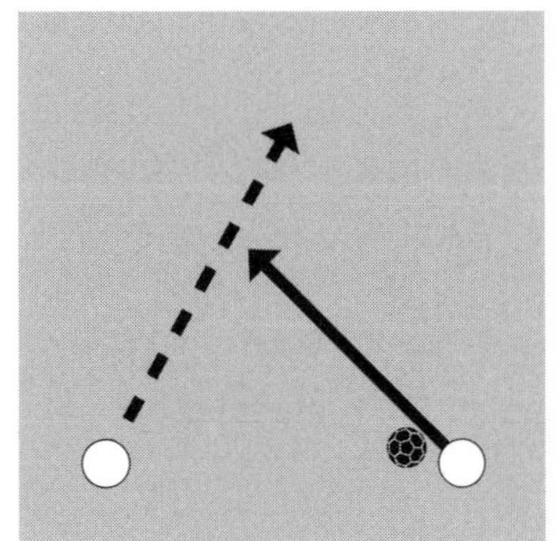

▼システム

1-4-4-2、1-4-3-3、1-3-5-2　…他

プレーモデルと同義とされることがありますが、選手の配置であり、ここにはスタイルも戦術も存在しません。システムによって守備的、攻撃的という概念は存在しないということです。グアルディオラは試合中に何度もシステムを変えることは珍しくないですが、これはゲームの中での役割やスペースの使い方や優位性を変えているためではないかと思われます。近年、CFは旧来の真ん中で張っているという概念から「0トップ」へ、またSBについても「擬似SB」などといった新たな役割が出てきましたが、これはシステムの話ではなく、チームの組織の中に存在する、ポジションの役割でありプレー原則にあたります。

▼空間的・時間的プレーの状況解決

サッカーのプレーが発展していく中で、今後も重要な意味を占めるでしょう。時間やスペースがない中で、プレーのスピードが上がり、その中でのプレーの状況解決を指します。選手の認知能力にも関連してきます。プレー原則の課題には、個々の解決法やスペースの作り方や使い方が関連してきます。

▼ポジショナルプレー（ボールポゼッション）

自ら主導権を持つことを志向するチームにみられます。マ

ンチェスター・シティやアヤックス、FCバルセロナ、スペイン代表、日本では北海道コンサドーレ札幌が代表的なチームです。近年ではRBライプツィヒやバイエルン・ミュンヘン、リバプールのように、この面を取り入れた「ハイブリッド」型のチームも存在します。今後はこの「ハイブリッド」型の傾向が増えて来るのではと考えています。

▼カウンター攻撃（ストーミング）

「５秒以内にボールを奪い返し、８秒以内にシュートまで行く」ラングニックの考え方が現代のトレンドの中心でリバプール、RBライプツィヒのように近年のトレンドはゲーゲンプレッシングとショートカウンターの組み合わせで一体化しています。

▼ゲーゲン・プレッシング

リバプール、RBライプツィヒ、バイエルン・ミュンヘンに見られるサッキのゾーンプレスの発展形です。意図的にボールを奪うプレッシングとハイプレス・ハイラインが特徴です。現代のトレンドの中心となっています。

▼高いレベルでの自由を伴った組織プレー

プレー中の自由とは、選手がポジションに固く縛り付けられないということで、ここで重要なのは、その中でチームが基本的配置や原則を失わないことです。ポジションや監督から前もって出された指示やパターン化されたプレーの判断ではなく、プレーの状況によって決まる「状況による決定」という考え方がますます重要になっています。「プレーモデル＝型にはめることではない」という考え方です。プレーモデル・プレー原則における規律と即興の関係は「(規律) 6 ： 4 (即興)」で規律が優位です。戦術プランとは前もって一定のプレー方法を示したものです。基本的方向性 (戦い方) 以外にも様々な外的要因に対応する予備的方向性 (戦い方) も含まれます (相手の質、得点経過、天候など)。また、予め決められたプレー原則を元に動きを組み替える「原則に従った自由」があります。

▼攻守の切り替えの伸縮性 (数的優位の確保)

攻守の切り替えの速さ。切り替えを速くすることで、攻守における数的優位の確保を可能にします。これによって選手間の相互協力を成功させやすくします。

▼攻撃のプレーのアイデア

引いた相手に対して、シュートチャンスを作り出し、相手を崩すためには共通のアイデアが不可欠になります。

シュートチャンスの作り方における意外性と驚きを与えるプレー原則の例は以下のとおりです。

●ボール奪取後の切り替えの早さ
●攻撃の最終局面においてのダイレクトパス
●ボールの動かし方：サイド、中央、縦
●リターンパス、縦パス
●３、４人目へのパス
●２人の相手選手の間を通すパス（ギャップへのパス）とボールを受ける動き
●相手のラインの間を通すパスとボールを受ける動き
●素早いサイドチェンジ
●パスを出した後の２列目、３列目からの攻撃参加
●２から３本のワンタッチパス
●相手を引き付けるドリブルでの運び
●相手DFの背後へボールを運ぶ
●スペースへの走り込みとパス

▼プレースピード

ダイナミックさは、ボールと選手の移動速度と攻守の切り替えの早さで認識されます。分析によると、トップレベルのチームにおいて選手の平均走行距離は10km以上で、この約30%がスプリントです。ボールを伴うプレーに直接参加している選手はその動作をスプリントの中で行っています。試合中のスプリント量が増加しているという傾向があります。

特に近年ではインテンシティやテンポの増加は目を見張る

ものがあります。プレースピードはテクノロジーの助けもあり、限界に近いところまで向上しているともいわれています。

そしてスピードはフィジカル面だけではなく、近年、指摘されている認知能力に左右され、プレーモデルのプレー原則と密接な関係にあります。かつてクライフは、「一番速い選手は？」という質問に「グアルディオラだ」と答えていました。

またプレースピードは以下の項目に左右されます。

●攻守の切り替えの早さ
●選手のフィジカルコンディション
●戦術的認知能力

プレー原則がしっかり組織されていると、より速いプレーが可能になります。なるべく少ないタッチでのプレーや素早い状況解決で、素早い認知→選択→実行が行われます。

●「ダイナミックな技術」の習得
（速い動きの中で、あるいは相手の妨害を受けた中で技術を発揮する能力）
●ボールがある時とない時の動きの速さ

現代モデルの選手とは何か?

今、どのような選手が世界のトップで活躍していますか？各ポジションごとに挙げてみてください。ヤン・オブラク（アトレティコ・マドリー）、フィルジオ・ファン・ダイク（リバプール）、ケビン・デ・ブライネ（マンチェスター・シティ）、モハメド・サラー、サディオ・マネ（リバプール）、ロベルト・レバンドフスキ（バイエルン・ミュンヘン）、リオネル・メッシ（FCバルセロナ）、アーリング・ブラウト・ハーランド（ドルトムント）etc……。たくさん挙げられますよね。

ヨーロッパでプレーする日本人選手は増えましたが、まだ、彼らのように欧州のトップ・オブ・トップで活躍するタレントは輩出されていません。ビジャレアルに移籍した久保選手はそのポテンシャルを感じさせますが、彼は日本で育っていません。バルセロナで育ち、今はスペインで活躍しています。日本で育った選手が18歳になってからヨーロッパに渡り、トップ・オブ・トップのタレントになる。そんな選手を育成するためには、今現在、ヨーロッパの第一線で活躍している選手を把握しておかなければなりません。

では、現代モデルの選手を構成する要素を見ていきましょう。

現代モデルの選手

①戦術能力・ゲームインテリジェンス
●プレーの4構造の理解　●プレーの先読み・創造性　●ゲーム感覚

②ダイナミックな技術・動きの中の技術

③運動能力／運動スキル
●コーディネーション／スピード／パワー／瞬発力／持久力

④性格面での特徴

⑤総合的な能力を持ったスペシャリスト
●体力の面での能力／準備　●戦術面での理解／ゲームを読む力
●ダイナミックな技術　●複数のポジションでのプレー

▼戦術的認知能力・ゲームインテリジェンス

近年、戦術的認知能力が重視されています。そのためにはプレー原則にもある「プレーの４構造」を身につける必要があります。攻撃するとき、守備をするとき、攻撃から守備に切り替わるとき、守備から攻撃に切り替わるとき、というプレーの４構造を理解し、局面ごとに素早く状況を解決できる選手が良い選手になっていきます。

そして「プレーの先読み・創造性・ゲーム感覚」が要素として挙げられます。バルセロナでのシャビのように先天的に認知能力の高い選手もいますが、トレーニングで改善し向上できる能力です。特に、育成年代からのトレーニングが重要になります。また、数少なくなってきているストリートサッカーで育った天然のタレントは重宝されます。

▼ダイナミックな技術・動きの中の技術

速い動きの中やプレッシャーを受けた中でも技術が発揮できるのがダイナミックテクニックです。近代のハイテンポ・ハイインテンシティの中で、スピードを落とさず、時間的空間的プレッシャーの中で技術を発揮することが重要です。

▼運動能力・運動スキル

運動能力は、コーディネーション、スピード、パワー、瞬発力、持久力といった要素を指します。運動スキルは、いろいろな動きがスムーズに行え、様々なスポーツにおいて万能であることです。ヨーロッパの選手には他のスポーツも得意とする選手が多く、おそらく外遊びや子どもの頃からの運動経験にも影響を受けます。旧ユーゴスラビア系の選手は特に大柄で運動能力が高く、サッカーだけでなくバスケットボール、ハンドボールなどに多くのタレントを輩出していますが、生まれ持った民族としての遺伝的要素とストリートサッカー、バスケットの影響が根強く残っていることから運動経験の面でも能力を引き出されています。サッカー選手もテニス、バスケットボール、水球などが上手で、他の競技でもプロになれるのでは、と思えるほどです。近年ではプレーのスピード化が進みアスリートとしての能力もより重視されます。

▼性格面での特徴

運動能力や技術面だけでなく、性格も大事な要素です。我慢強い、努力家、勤勉、社会的変化の中での対応能力などが挙げられます。プロ選手として成功を収めるためにはストレスに打ち勝つ必要があります。近年、EU圏内で東欧諸国からイングランドやドイツなど５大リーグのアカデミーに移籍する選手が数多くいますが、競争に打ち勝てず、帰国する者も少なくはありません。

また、教育を受けてきた選手かどうかも大切です。ヨーロッパのアカデミーも学校と一体化した育成組織を、フランスを中心に40年ほど前から整備してきました。この要因としてはかつてのアカデミーがサッカーでしか生きていけないプログラムであったために、サッカーにおいて成功しない若者が犯罪に走るなどの問題があったためです。

▼総合的な能力を持ったスペシャリスト

日本では「ポリバレンスまたはポリパレントな選手」と呼ばれることもあり、どちらかと言えば、複数のポジションがこなせる「万能選手」といったイメージが強いですが、ここではフィジカル、テクニック、戦術、メンタルによってあらゆる状況に対応できる、総合的な能力を持ち、攻撃と守備の両方で力を発揮できて、かつスペシャルな武器がある選手のことを指します。かつてフランス代表を初のワールドカップ優勝に導いたジネディーヌ・ジダンが新しいタイプの10番と言われました。近代ではデ・ブライネやフレンキー・デヨング（FCバルセロナ）などが挙げられます。

選手育成における成功の3要素とは？

現代モデルの選手を育成するには、選手が生まれてくるのを自然発生的に待っていてはいけません。タレントを「探す」「発掘する」「育てる」というプロセスが重要になります。

近年、ヨーロッパでは若年層のタレント発掘が以前にも増して盛んになっています。EU圏内では15-16歳の選手が国外移籍をすることが年々増えています。RBザルツブルクでは若いタレントの発掘を重要視しており、「誰も知らないタレントを発掘することが大切です」とも言っています。10代の選手にも活躍次第では、何十億といった市場価値がつくのが普通になっています。このため、お金で買ってくるのではなく、市場に乗って値がつく以前に発掘することが重要視されています。22歳を越えればすでに若手とも言われなくなってきています。

選手育成における成功要素は、3つの要素に分類されます（**[図6]**）。

[図6]　選手育成における成功要素

外的要因	●スポーツへの興味 ●サッカーへの興味 ●スポーツの伝統、環境 ●投資 ●環境整備 ●サッカーにおける組織 ●サッカーにおける人気 ●専門家（指導者、組織の人間、審判、研究者） ●専門情報・専門性の発達 ●ミス・予想外の結果
内的要因	●健康状態 ●形態的特徴（身長、手足の長さetc） ●運動能力（スピード、パワー、コーディネーション、正確性、バランス、柔軟性） ●運搬、呼吸器系能力（有酸素、無酸素系） ●サッカー専門運動能力（ボールあり・なしでの状況におけるプレーの判断、解決に関するサッカー特有の運動課題） ●インテリジェンス・認知能力（基本的な知覚洞察能力、プレーの判断、情報における知覚） ●人格形成に左右されるマナーの特徴 ●社会的変化（モチベーション、対応） ●プレー経験と年数 ●ミス・予想外の結果
トレーニング・プロセス	●練習への参加 ●セレクション ●トレーニング要素の選択 ●練習メニューの選択 ●トレーニング負荷 ●トレーニング方法 ●トレーニング形式 ●チーム統率や導く方法 ●トレーニング環境、道具、グラウンド ●試合条件（場所・時間・天候など） ●ミス・予想外の結果

日本では、一般的に選手の育成過程においては、どうしてもトレーニングプロセスにフォーカスされることが多いと感じています。もちろん、それも大事ですが、トレーニングすれば解決することばかりではありません。そこだけではなく、トレーニングプロセスのほか、外的要因、内的要因、この３つがうまく相互作用を起こして成功すると考えられます。

かつて、日本では静岡県旧清水市から多くのプロ選手、日本代表が輩出されました。その要因のひとつとして挙げられるのが**指導者養成**です。小学校の教員をサッカー指導ができるように指導者養成を行ったのです。サッカー指導にあたることで子どものサッカーへの興味を促進しただけでなく、運動能力が高くスポーツ万能な子ども、リーダーシップが取れる子どもなどをサッカーに引き込み、教員がタレント発掘に大きな役割を果たしていたと聞きます。

静岡県では一般市民もＪリーグだけでなく、地元高校のサッカー部やサッカー少年団にも高い関心を持っています。藤枝市では放課後は校庭でサッカーをして遊ぶような、「ストリートサッカーで育った子ども」を地元の少年団に勧誘していたそうです。静岡が他の地域より進んでいたのは、このような３要素がうまく相互作用を起こした結果であると考えられます。

スロベニアの首都リュブリアナにサッカーのタレントを多く輩出する地域があります。サミール・ハンダノビッチ（インテル）、ズラタン・リュビヤンキッチ（浦和レッズなどで活躍）、ジェリコ・ミリノビッチ（ジェフ市原などで活躍）、ボシュティアン・ツェサル（ACキエーボ・ベローナ）など数多くのプロ選手を輩出し、スロベニア代表選手の半数がこの地域の出身ということもありました。

その秘訣は、ストリートサッカーの文化が残っていたことです。団地の集落であるため「１号棟vs４号棟」など、一日中サッカーが行われ、その子どもたちがプロクラブで育っていったのです。クロアチア代表のルカ・モドリッチ（レアル・マドリー）、マリオ・マンジュキッチ（ユベントス）らもストリートサッカーで育った「天然タレント」です。こういった外的要因も重要な要素となります。

次に内的要因ですが、日本の育成過程において特に視点が不足している部分です。つまるところ、内的要因とは、その選手が生まれ持った内面にある能力をどう評価していくかです。先天的なもの、後天的なもの、もちろん人格形成など外部から影響のあるものもあります。

成長期においては「早生まれ」の問題があります。これはヨーロッパでも同じです。15歳でも生理学的にはもう20歳になっている子もいれば、まだ13歳の子もいるなど、最大で４歳ほどの差が起こるとも言われています。

暦の上での年齢と、生理学的年齢には違いがあります。SVホルンの育成センターでもU-15のカテゴリーに190cmの選手もいれば、160cmに満たない選手もいました。Ｊリーグの育成組織では早くからセレクションを行なっているため、生まれ月が４～６月生まれの早く成長している選手が多く選ばれる傾向があります。発育速度だけで評価していては18-20歳でピークになる選手ばかりになってしまいます。セレクトの過程で14-15歳の成長期の評価はとりわけむずかしい作業なのです。

中村俊輔選手、本田圭佑選手や鹿島アントラーズの染野唯月選手など16歳以降で身長が伸びて、後年になって活躍を続けている選手を見ると、成長期の選手の評価が問題点として考えられます。高校サッカーを経てプロになる選手には16歳以降に著しい成長が見受けられる選手がいます。逆の例としては、アンダーの代表に選ばれていたものの、20歳以降に活躍できなかった選手は18-20歳がピークになってしまった選手です。

運動能力、スピードは先天的な能力の影響が色濃く出てきます。前述の旧清水市のように、旧ユーゴスラビアでは小学校でサッカー指導をしている教員が、学校で行なっている運動能力のテスト（旧東ドイツで行われていたようなコーディネーション能力を測定するテスト）の結果でタレント発掘をし、サッカークラブに引き入れていたそうです。

サッカーの専門運動能力には、ボールがないときの動き、それによる状況の解決能力、そして状況を認知する能力などがあります。近年、プレーのスピード化、スプリント回数の増大が進み、トップ選手は１試合で13kmほど走るようになりました。シャビは「これ以上フィジカル面で上げてくれと言われたら、俺たちを“殺す”のと同じことだよ（笑）。フィジカル面では限界に近い。ここからさらにプレースピードを上げるとしたら、認知の改善、または、認知能力の高い選手の発掘だね」と語っていました。

いかに選手の能力を見極めて発掘するか

選手には、空間認知においてプレーをする際に心地よい空間が必ずあります。「相手と味方に挟まれるポジション」「ゴールを背にしてプレーするポジション」「タッチラインを背にプレーするポジション」、ここからポジションの適性を探っていくことも大切です。

私が以前所属していたアカデミーの育成組織では、セレクションを行う際には、いくつかのポジションを試して適性を見ました。

東京ヴェルディの近藤直也選手は柏レイソルユース出身ですが、彼は高校2年生になるまでボランチやトップ下など攻撃的なポジションの選手でした。ただ彼は、相手や味方に挟まれたプレーが得意ではなく、ボランチでゴールに向かってプレーすることができておらず、中盤の選手として、レギュラーの座を獲得することができませんでした。

しかし、彼が恵まれていたのは運動能力だったのです。高校に入学した頃は170cmほどでしたが、高2の終わり頃には身長が180cmを超えていました。本来、攻撃が好きな選手でコンバートには時間がかかりましたが、一番後ろのポジションで起用してみると、いつも前向きに視野を確保していることがわかりました。そこから彼本来の力が発揮されると、プレーに自信が付き、36歳となった今でもトップレベルで活躍しています。

もちろん、近藤選手のように、うまくいった例ばかりではありません。思いの外伸ばせなかった、または伸びなかった例もたくさんあります。いろんな選手に出会ってきた経験則として「あの選手の場合は内的要因」「このパターンは外的要因」「これはトレーニングプロセスで解決できる」と、予測をし、仮説を立てるために必要な頭の中の整理がだんだんとついてきました。つまり、いろいろな選手と出会うことで自分の中でモデルができていくのです。これが経験ということになるのではないでしょうか。

「清水サッカーの生みの親」とも呼ばれる故・堀田哲爾氏は、ズデンコ・ベルデニック氏が1997年清水エスパルス主催で行った指導者セミナーの中で「ヨーロッパでは育成年代で内的要因や選手モデルの要素が足りない場合、見込みがないとそこで排除していくのか？」という質問をされましたが、ベルデニックは「他の要素で勝るものがあれば補完していけるものです。もちろん後天的に身につけるものもありますので、問題ありません。最初からむしろすべて揃っている選手を見つけるのはむずかしい」と答えました。

講習会のあと、堀田氏は直接ベルデニックのもとに来られて「若い指導者がこれに当てはまならない選手は排除しないといけない、などと思わないようにあえて質問をさせていただきました（笑）。答えを聞いて安心しました」と仰っていました。

選手育成とは、すべてをモデルに当てはめることではありません。元スロベニア代表でFCケルンでは２度も得点王に輝いた、ミリボイェ・ノバコビッチ（名古屋グランパス、大宮アルディージャなどで活躍）は、25歳でプロデビューし、26歳で代表選手に選ばれました。17〜18歳の彼は、背は高かったものの、パワーに欠け、少し非力な選手でした。聞くところによると、15歳まで身長も小さく、クラスでも一番背が低かったそうです。スロベニアでは年代別の代表に選ばれることもなく、可能性がないと言われる中でプロのチャンスは巡ってきませんでしたが、オーストリア５部リーグからスタートし、自力でプロまでたどり着き、38歳まで活躍しました。彼は遅咲きの典型例です。

「選手育成における成功の３つの要素」とは、運動学という旧東ドイツのトレーニング理論から出てきたものです。

様々な選手と接してわかることですが、家庭環境や生活環境が異なると、人格形成や社会との繋がり、それらから獲得するものに違いがあります。旧ユーゴスラビアはマルチカルチャーで多民族国家のため、スロベニアで指導した際には、連邦共和国解体後もスロベニア人にボスニア人、ムスリム人、クロアチア人、などの親を持つ子どもがどこにでもいました。言葉はみんなスロベニア語を話しますが、家庭での教育や習慣の多様性ゆえに、違いを感じることもありました。

オーストリアも多民族国家で、育成センターでも同じ状況がありました。2-3世の子どもも家庭では自分のルーツの言葉で会話をしていることが多いのです。このために家庭教育に違いが生まれます。指導者はそれぞれに対応していかなければなりません。

今の日本でも両親またはどちらかが外国人であることも増えており、以前までの価値観を当てはめて「日本人はこうだよね」と一括りにして言えない時代になってきています。日本にもグローバル化が進んでいることは良いことだと思います。つまり、個々を見ながら個別化していかなければなりません。このように多角的に見ていくことで指導がいくぶん楽になるのではないでしょうか。

第2章

プロクラブの
プレーモデル構築法

欧州クラブチームのトレーニングを視察して

2017年７月、私はオーストリアでドイツ・ブンデスリーガ１部のTSG1899ホッヘンハイムのキャンプを視察する機会に恵まれました。スロベニアの国境に程近い町でした。

キャンプのスケジュールは以下のようになります。

2017年7月

16日（日）　バス移動＋練習　16:00

17日（月）　10:00　16:00

18日（火）　10:00

19日（水）　10:00　16:00

20日（木）　10:00

21日（金）　10:00
22日（土）　フレンドリーマッチ vs ジェノア（イタリア）

私が視察したのは、７月17日から19日までの３日間のトレーニングとイタリア・セリエAのジェノアCFCとのテストマッチでした。

ちなみにオーストリアは欧州各国の強豪クラブチームが毎年数多く訪れるキャンプ地として有名で、アーセナル、アヤックス、シャルケ、レバークーゼンなど数多くの強豪チームが訪れています。私はこのシーズンは他にも、ドイツ人でラングニック派のアレクサンダー・ツォルニガーが監督を務めるブロンビー（デンマーク）やウェストハム（イングランド）などのトレーニングキャンプを視察しました。

当時、ホッヘンハイムの監督だったユリアン・ナーゲルスマン（現RBライプツィヒ監督）は、最年少ブンデスリーガ監督として注目されていました。テクニカルダイレクターにハンス・ディーター・フリック（現バイエルン・ミュンヘン監督）がいるなど豪華な顔ぶれでした。偶然にも昨シーズンのチャンピオンズリーグではフリックはCL優勝、ナーゲルスマンはベスト４に入り、現代サッカーを牽引している監督たちとして挙げられます。

当時からナーゲルスマンは最年少監督としてだけではなく、監督としての手腕も評価されており、このシーズンは監督として3シーズン目に入るところでした。ホッペンハイムから現在のトレンドであるプレーモデルを用い、縦に速い攻撃を仕掛けるチームで、守備のゲーゲン・プレッシングから攻撃へと移ると、ボールを縦に素早く運び相手ゴールに迫ります。さらには2列目、3列目から飛び出して数的優位を作っていくことに特徴がありました。そして、バイエルンを率いていたペップの影響からポジショナルプレーも導入していました。

2017-18年シーズンを3週間後に控えていたホッペンハイムは、キャンプではチームのプレーモデルやプレー原則を中心とした、かなり負荷も質も高いトレーニングでした。すでに3年前のことになりますが、すべてが無駄のないプレーモデル・プレー原則に基づいたトレーニングとなっており、若手監督でありながらトレーニングのアイデア、時間の区切り方やオーガナイズや集中力を保つためのトレーニンマネージメントの手法は斬新な物もあり、多くを学ぶことができました。

そこでプレーモデルに基づいたトレーニング例のひとつとして事例を紹介したいと思います。

ハイインテンシティのトレーニング

●戦術的認知とフィジカル面で負荷のかかったトレーニング

私が視察した時期はシーズン直前の準備期間ということもあったのか、午前と午後の２部練習のときも、各回ともに高負荷に設定され、かなり激しいトレーニングを行っていました。練習終了後には座り込む選手がいたほどでした。

全体的にインテンシティの高いトレーニングが多く、時間や回数の設定によって最適となるように負荷がコントロールされています。これは単なるフィジカル面での負荷の設定が高いということではありません。集中力を高め、戦術的・認知的にも負荷をかけ、攻守の切り替えやプレーのインテンシティ、あるいはプレースピードなどを損なうことなく力を出し切ることができます。さらにはトライ&エラー繰り返して身につけられるように設定されています。

トレーニング自体は、ボールを使ったトレーニングだけで１時間半でしたが、集中力が保てるように、とてもテンポよく切れ目なく行われていました。セッション間で止まるのは、飲水か、説明の時間ぐらいで、次のトレーニングに移るにも長くても５分間はかかりませんでした。レクリエーション的な無駄なトレーニングはなく、段取りもよく、1つ目のトレーニングが終わったら、すぐに2つ目が始まるというように各トレーニングが切れ目なく流れるように進みます。プレーのテンポ同様にトレーニングのテンポも重視されていました。

様々なトレーニングをやるための段取りは大切です。

選手たちは監督が3シーズン目ということもあって慣れているのかもしれませんが、トレーニングセッション中は止まらず、力を出し切り、短く休息して、また全力でトレーニングを行う。単なる1時間半という時間のマネジメントではなく、量と質、そしてメンタル的にもかなり負荷の高いトレーニングでした。

プレーモデルに従う部分では、「プレースピード」「テンポ」を重視しているのであれば、トレーニングでも同様以上の戦術的認知とフィジカル面、そしてメンタルでもインテンシティの高い、負荷のかかったトレーニングマネジメントが重要になります。

ダイナミックテクニック・トレーニング

トレーニングの最初のセッション、トレーニング１では、必ずパス&コントロールなどを組み合わせたプレー原則や戦術要素に従ったトレーニングが入っていました。プレーモデルに即したコンビネーションが求められ、ボールをテンポよく素早く動かすことや、動き出しのタイミングと速さが求められ、毎回トレーニング１で必ず行われていました。正直みなさんがイメージしている以上のスピードだと思います。

これは私が**“ダイナミックテクニック”**と呼んでいるものです。日本ではドリルトレーニングに近い形です。

また興味深かったのは、ダイナミックテクニック・トレーニングを行いながら、スピードやゴール数を競い合わせるような競争形式を取り入れることで、スピーディーにプレーをさせる意識を上げているところでした。

日本ではイマイチこのダイナミックテクニック・トレーニング が「単なるウォーミングアップ」「敵がいないので現実味のない」「判断を伴わない」などという認識になっているように感じます。ヨーロッパでは育成年代からプロチームまで幅広いカテゴリーで一般的に行われている練習ですが、日本ではうまく伝わってない、あるいは、うまく使えてないように感じます。

発見・誘導型のトレーニング

最も目を引いたのは、斬新なアイデアのトレーニングの手法でした。何人かのラングニック派の指導者のトレーニングを視察しましたが、彼のトレーニングは斬新な部分が多く、監督として優れている要因の一つだと思います。

私が「発見・誘導型のトレーニング」と呼ぶ手法に関しては、彼だけが特別ではなく、ペトロビッチ、オシム氏やロジャー・シュミット（PSV監督）らが用いていたメソッドに近く、またヨーロッパでは以前から使われているメソッドです。

メインとなるトレーニングは、あらかじめ決められたプレー原則に即したルールやエリア設定が取り入れられ、常にゴールが設定されたゲーム形式（ミニゲーム形式も含まれる）で、常に攻撃から守備、守備から攻撃への両面の切り替えが合わさったトレーニングとして行われます。**監督が導き出したいプレー原則の要素で構成されたトレーニング**となっているのです。

これらの、ユリアン・ナーゲルスマンがホッヘンハイムで行っていたトレーニングは、指導者が正解を教えるだけではなく、選手自身が答えを導き出せるようにトレーニングを構成していくものでした。例えばルール自体が創り出したいプレー原則に基づいており、またプレーエリアやルール設定自体が選手の戦術的認知につながっているのです。

もちろん時には、フリーズをして「こうだよ」とアプローチすることもナーゲルスマンはやっていましたが、プレーの原則に従って選手自身が能動的に答えを見つけ出しながら続けていく、トレーニングになっています。

視察したトレーニングでは、ほとんどシンクロでコーチングしていました。プレーのミスに寛容というわけではありませんが、ミスをしたりアウトボールになったりしてもトレーニングを継続します。選手たちも慣れているということもありますが、ラインから出ても止められるまでプレーが継続され、ボールが出たら素早くコーチがボールを出します。

ホッヘンハイムでは、選手自身が答えを導き出せるようなルール設定がプレーの原則になっていて、トレーニングのダイナミックさを落とすことなく選手がトライ&エラーを繰り返せるようになっていたのです。

欧州クラブチームのトレーニングから
プレーモデルを読み解く

ホッヘンハイムのキャンプを視察して私が感じたことをベースに、攻撃と守備のプレーモデルとプレー原則について紹介します。

▼プレーモデルとプレー原則

[システム]

1-3-1-4-2 または 1-3-4-3

ホッヘンハイムは攻撃的なサッカーをします。基本は縦に速いサッカーとポジショナルプレーの2つをうまく融合させたサッカーで、それをトレーニングにも反映していました。私はそのサッカーを"ハイブリッド型"と呼んでいます。

ナーゲルスマンは、過去にラングニックが監督を務めていたホッヘンハイムで提唱してきたやり方と、当時、バイエルン・ミュンヘンの監督だったグアルディオラの2つの要素を組み入れていたのです。さらに守備では、ボールを奪われたら素早くプレスをかける。ハイプレス・ハイライン。現在、このスタイルは現代サッカーの主流なスタイルですが、すでにこの当時から多くのチームが採用していました。

▼攻撃のプレー原則

[縦に速い攻撃]

●守備（ゲーゲンプレーッシング）からカウンター攻撃の速さ
●ボールを奪ったあと素早く縦に仕掛け、ゴールに向かう
●2-3列目から飛び出しで数的優位を作る

[ゴールから逆算したアプローチ]

●ボールを持った時の優先順位は縦パスまたはドリブルで前に仕掛けること
●縦パスと背後へのパスを狙う
●背後を狙う動き出し

[ボールポゼッション／攻撃の組み立て]

●ポゼッションしながら斜めまたは縦パスを狙う
相手を引きつけギャップを狙う
●ボールを前に運びながら（パスまたはドリブル）ギャップを使う
●テンポ良くボールを動かしながら、縦方向または斜めにボールをつないでいく

[カウンター攻撃とゴール方向へのアプローチ]

縦に速いカウンター攻撃とは、守備のゲーゲン・プレッシングから攻撃への速さであり、奪った後に素早く縦に仕掛け

るところであり、ボールを縦に速く出すということでもあります。ボールを持って仕掛けること、ドリブルで運ぶこと、そういう仕掛ける速さです。

２列目や３列目から飛び出して数的優位を作っていくことに特徴があるのです。ゴールに速く向かう。これがナーゲルスマンやラングニックが率いたホッヘンハイムのサッカーの特徴です。

ゴールへのアプローチに関するプレーの原則です。ボールを持ったときには縦パス、もしくは斜めのパスを選択する。スペースがあれば前に運び、仕掛けます。そして背後への動き出しがあります。ボールを持っている人は縦パスと背後へのパスを狙うということです。

[ポジショナルプレー・ビルドアップ／攻撃の組み立て]

攻撃の組み立ては、ポジショナルプレーを用いながら斜めまたは縦パスを狙います。ボールを動かしながら縦パスや斜めのパスを狙います。単純にいえば、横パスよりも縦パスか斜めのパスをメインにしているのです。スペースがあればボールを運んで相手を引きつけてギャップを狙います。これは私が見た2017年のホッヘンハイムのトレーニングでも見られたものです。

また、ボールを前に運びながらギャップを使います。テンポよくボールを動かしながら縦方向を狙う。あくまでもベースは“縦”にあるということです。

[ボールを受ける動き]

ゴール方向へのアプローチは、ボールを受ける動きを大切にします。マークを外す動きや、ゴールに向かったボールのないときの動きをホッヘンハイムのトレーニングでは頻繁に行っていました。

[守備のプレー原則]

●ゲーゲン・プレーッシング

●ハイプレス・ハイライン／コンパクトなライン

●5秒以内に奪い返す

ホッヘンハイムのトレーニング例

この週のホッヘンハイムは、基本的に午前中に90分間のトレーニングを行っていましたが、2部練習の日が2日間ありましたので、3日間で合計5回の練習を見たことになります。午前のトレーニングの前にはウォーミングアップの一環でケガの予防プログラムとして体幹トレーニングやコーディネーショントレーニングが組み込まれていました。

1グループを約12人とし、2つのグループに分けて30分ほどかけて行います。グループの人数が少ないことで選手も集中して取り組めるような工夫がされているようです。午後はウォーミングアップを別時間として設けずに90分間の中に取り入れていました。

7月17日　9:30

ウォーミングアップ（約15分でグループの入れ替え）

グループ1 コーディネーション・スキッピング・ジャンプ等

グループ2 怪我予防プログラム・体幹等（室内）

TR1 トレーニング例1 (P70)

グループ1 ダイナミックテクニック

①3人組3種類

②コンビネーション トレーニング例2 (P71)

グループ2 パスコントロール　ロングパス

※15分で入れ替える

TR2 トレーニング例3 (P72)

3対1＋2対1＋GK

TR3 **トレーニング例4** (P74)

6対7+4対3　4ゴールゲーム

TR4

紅白戦　11対11（縦73m×40m）

Aチーム：1-3-5-2　Bチーム：1-4-4-2

7月17日　16:30

TR1

グループ1 パスコントロールA
パスコントロールB（競争リレー形式）

グループ2 コーディネーションTR／体幹・チューブTR

①8対8+4フリーマン　4ミニゴール **トレーニング例5** (P76)
2タッチ以内、10本パスを繋いだらシュート可、
守備チームは奪ったらシュート可（5min）
②2タッチ以内　10本パスをつないだらダイアゴナルパス
（浮き球で逆サイドまで展開）からシュート可（5min）

TR3

5対5+2フリーマン+2GK（縦ハーフコート、横35m）

2タッチ以内、レストのグループはインターバルダッシュ

2017年7月18日　9:30～

ウォーミングアップ（約15分でグループの入れ替え）

グループ1 怪我予防プログラム

グループ2 コーディネーション・ラダー　※15分で入れ替える

TR1（約15分でグループの入れ替え）

グループ1 ダイナミックテクニックA トレーニング例6 （P78）

ダイナミックテクニックB（競争リレー形式）

グループ2 ボールポゼッション7対3　15m×10m

TR2

9対9+4フリーマン　2GK（105m×14m）

トレーニング例7 （P79）

TR3

GK+２対２+６対６+２対２+GK

トレーニング例8（P81）

①中央の6対6からスタート、攻撃チームは10本を２タッチ以内でつないだら、どちらかのゴールに向かって攻める。ラインに対してドリブルで運んでも、パスで攻撃方向のFWにパスしてラインを超えても良い

②守備側はボールを奪ったら、奪ったゴール方向にカウンターを仕掛ける

TR4

３対２+５対５+２対３　２GK

TR5

９対９+２フリーマン　３GK　３ゴールゲーム

トレーニング例9（P82）

TR6

４対４対４+６フリーマン

トレーニング例10（P84）

2017年7月19日　9:30〜

ウォーミングアップ（約15分でグループの入れ替え）

グループ1 怪我予防プログラム

グループ2 チューブTR

TR1

グループ1 ダイナミックテクニックA

ダイナミックテクニックB

グループ2 ボールポゼッション8対3　2タッチ以内

TR2

6対4＋4対4（5対4）＋2GK

①6対4からスタート。6人が8本ボールをつないだらシュート可、4人（DF）奪ったら逆サイドへ素早くカウンターで攻める。一人上がって5対4で攻める
シュートまたはアウト・ボールになったら、素早くコーチがボールを出して再び6から始める

2017年7月19日　16:00～

ウォーミングアップ（約10分でグループの入れ替え）

グループ1 コーディネーションリレー

グループ2 ①ランニングテクニック

②ボール回し５対３

TR1

２対１（ミニゴール）→４対４+GK切り替えゲーム

トレーニング例11（P86）

TR2

３対４+４対３（７対７）+２GK　切り替えゲーム

①４対３からスタート、DFが奪ってからゴールまたはアウト・ボールで逆サイドに攻め、７対７

トレーニング例1　ダイナミックテクニック①

■3人組3種類（幅約5〜6m）

ボールの動き ➡　人の動き ➡　ドリブル ➡

［パターン①］

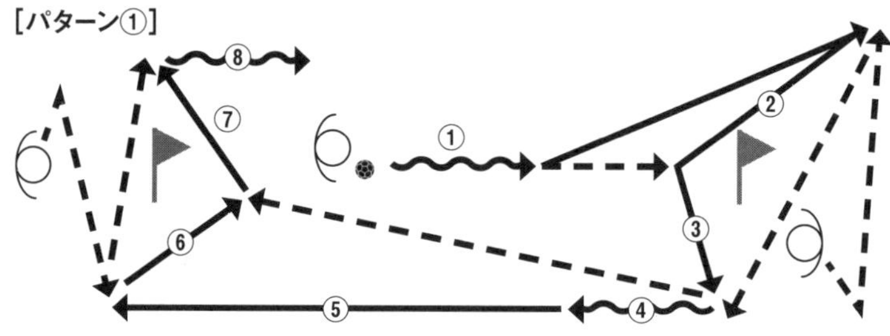

［パターン②］

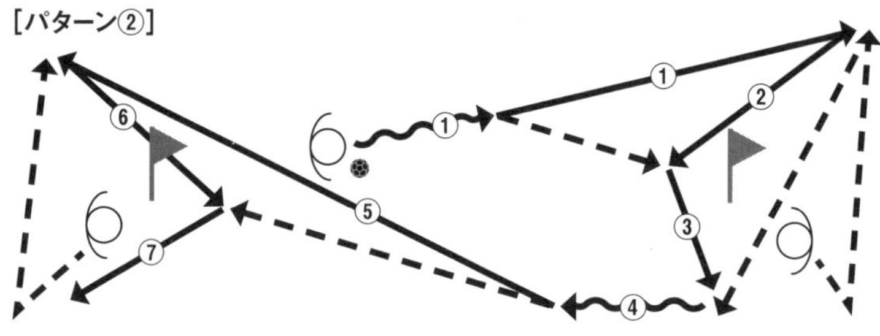

［パターン③］

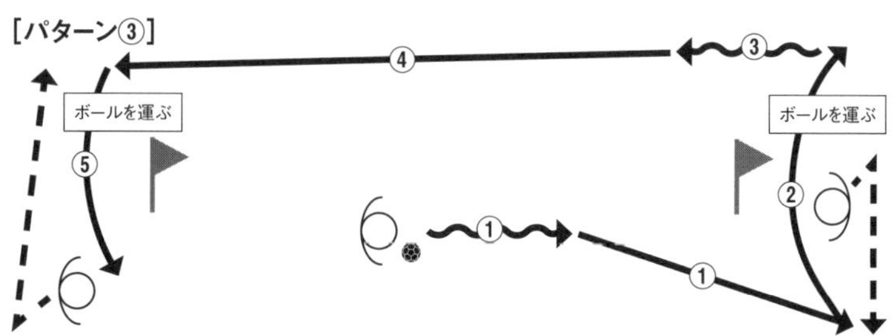

■解説

動きながらのダイナミックトレーニング。3人で入れ替わりながら止まらないで連続して行います。

トレーニング例2　ダイナミックテクニック②

■コンビネーション（幅約40m）

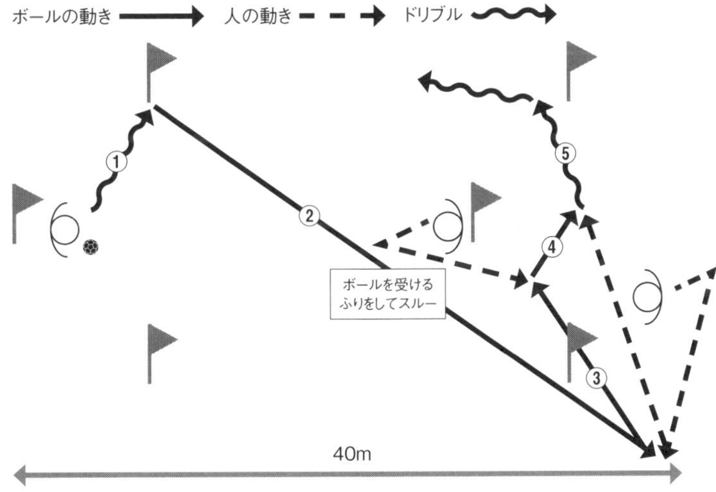

■解説

ボールを運ぶ動きから斜めのパス、タイミングを合わせてコンビネーション。

トレーニング例3　3対1+2対1+GK

○……攻撃側　●……守備側　▶……スティック

ボールの動き ➡　人の動き ‐ ‐ ➡　ドリブル 〜〜➡

TR1

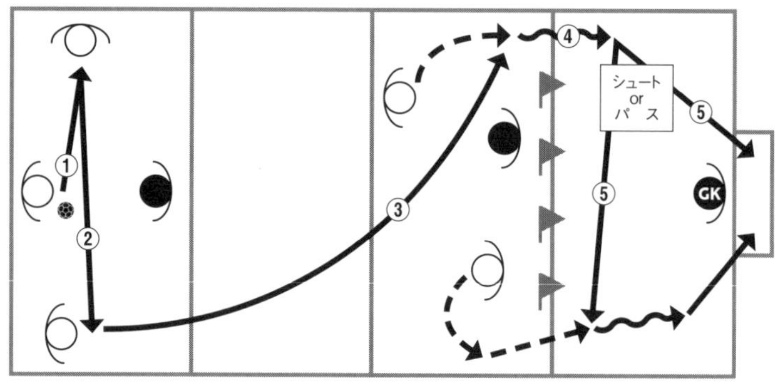

■進め方またはルール

縦長のコートを使い手前の３対１、ゴール前２対１で設定。手前の３対１からスタート

TR1 ３対１、２タッチ以内でパスを５本つないだら、前線の２対１の方に縦パスができ、２対１攻める

TR2 **TR1** と同じルールでスタート、縦パスの後、２列目から攻撃と守備の両方が参加し３対２。DFは奪った後は攻撃に切り替えライン突破まで

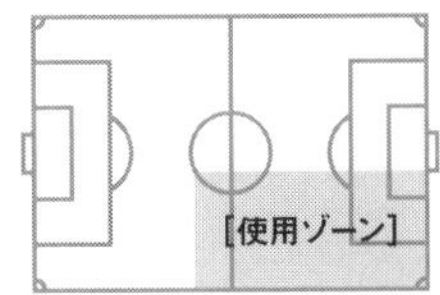

TR2

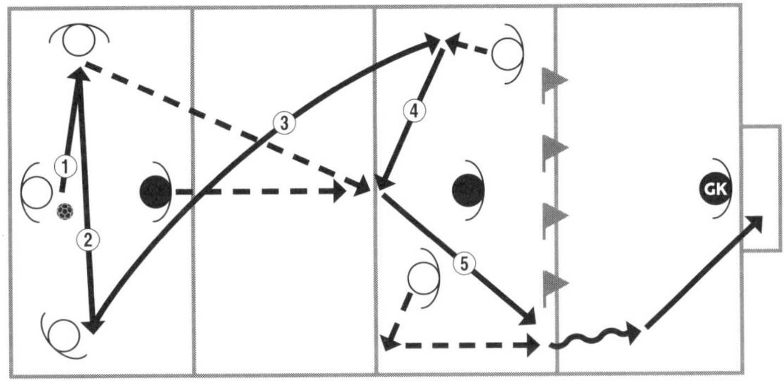

■解説

３人組は縦の方向を意識しながらパスをつなぎます。ボールを保持しながら縦を狙っていくイメージです。前線の２人はボールの動きを見ながら、お互い斜めのポジションを取るなどギャップを作ります。動き出すタイミング、そして背後への動き出し。

TR2 は縦パスから３人目の動きからのコンビネーション、守備への切り替えまで求めます。また、集中力を保つために、ボールがコートの外に出てもプレーが止まらないように、いつでも予備のボールを配球できるにコーチを配置しています。ワンセッション約２分で交代です。

トレーニング例4

GK+6対7+4対3+GK → 11対11

○……攻撃側　●……守備側

ボールの動き →　人の動き - - →　ドリブル 〜→

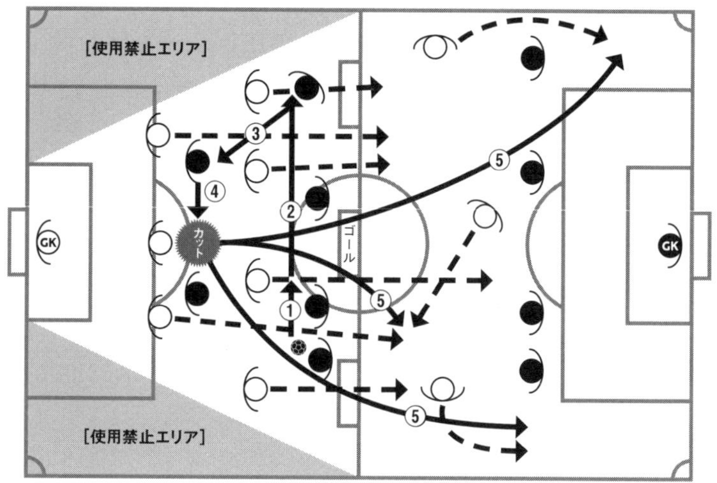

■進め方またはルール

6対7+GKからスタート。守備7人は奪ったら素早く逆サイドのコート4対3の方に攻撃を仕掛ける。逆サイドのコートに全員が入りプレーに参加。ボールが出たら逆サイドにボールを出してプレーを続ける。逆サイドにボールが入った後、奪ったチームは、中央のゴールに向かって攻める。攻める方を時間で入れ替えながら行う

［逆サイドに展開された後の動き方の例］

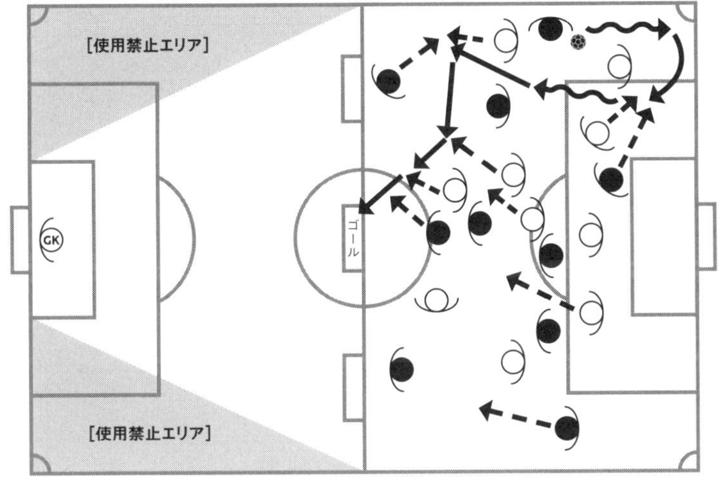

■解説

外側を斜めにカットしたコートでのトレーニングは、特にドイツではよく見られるトレーニングの設定としてあるもので、より縦にそしてサイドを使わず背後を狙う意図があります。

このトレーニングでは奪った後のカウンター攻撃、奪われた後のプレッシング、ラインの押し上げが大切になります。

トレーニング例5 8対8+4フリーマン
4つのゴールを使ったポゼッション形式のトレーニング

○……攻撃側 ●……守備側 ◎……フリーマン

ボールの動き ⟶ 人の動き - - → ドリブル 〜〜→

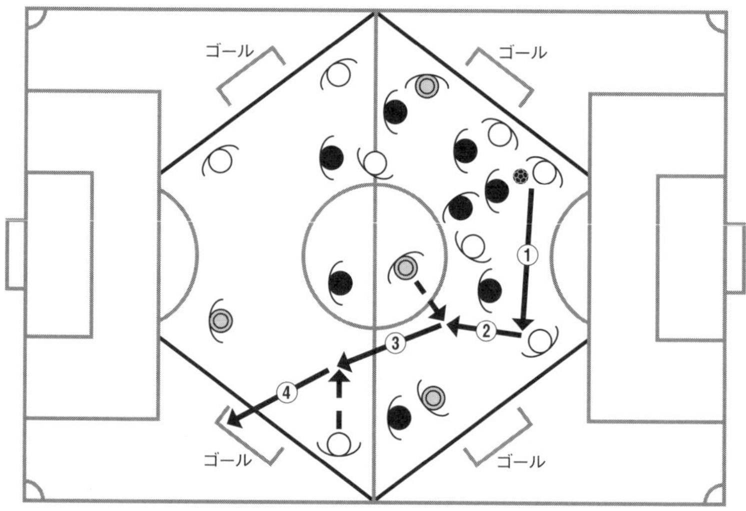

■進め方またはルール（各5min）

TR1 2タッチ以内、フリータッチパスをつないだら4つあるゴールを狙う

守備スタートのチームは奪ったら素早くゴールを狙う

TR2 2タッチ以内、10本つないだらダイアゴナルパスからゴールを狙う

TR3 **TR1** と同じルール

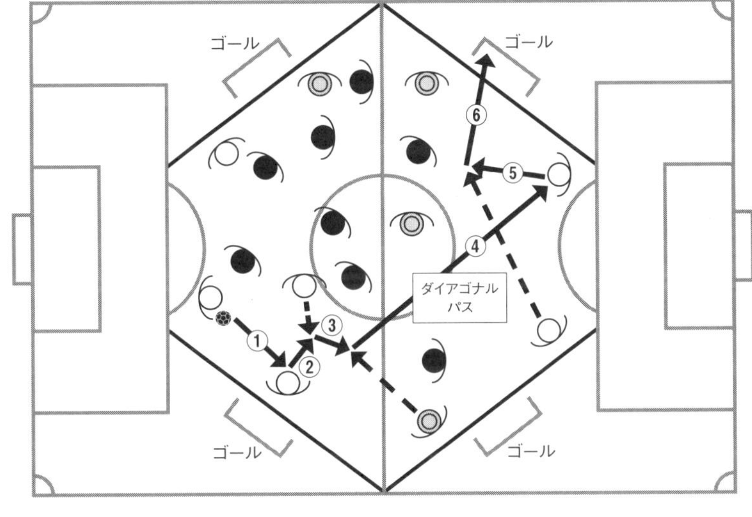

■解説

攻撃スタートのチームはボールポゼッションからゴールを、守備スタートチームはプレスからカウンターを狙います。2つ目のルールではつなぎから背後や逆サイドを狙う意図をルール設定に入れています。

トレーニング例6　ダイナミックテクニック（リレー形式）

○……攻撃側　●……守備側　▶……スティック

ボールの動き ➡　人の動き ➡　ドリブル ➡

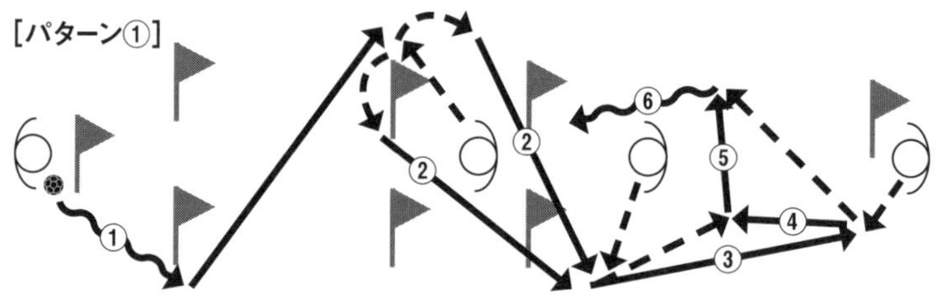

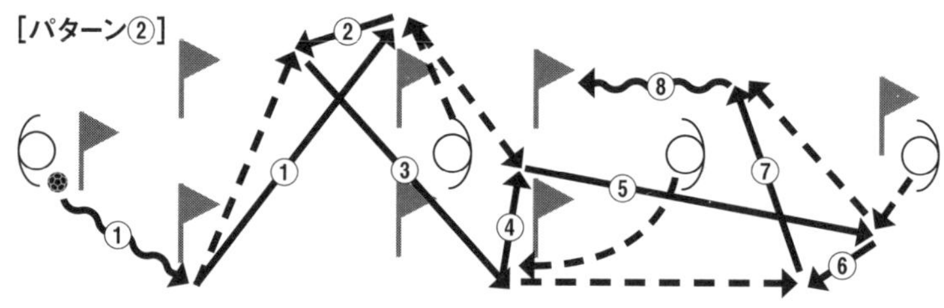

■進め方またはルール

TR1 斜めのパスから壁パスのコンビネーション

TR2 3人目のコンビネーション

■解説

それぞれ1回1回左右のグループで競争して勝ち負けを決める。スピード、精度、タイミングが求められます。

プレー原則に基づいたダイナミックテクニックで動き出しはスプリントで行うことがポイントです。

トレーニング例7

9対9+4フリーマン+2GK

○……攻撃側　●……守備側　◎……フリーマン

ボールの動き ➡　人の動き ⇢　ドリブル 〜➡

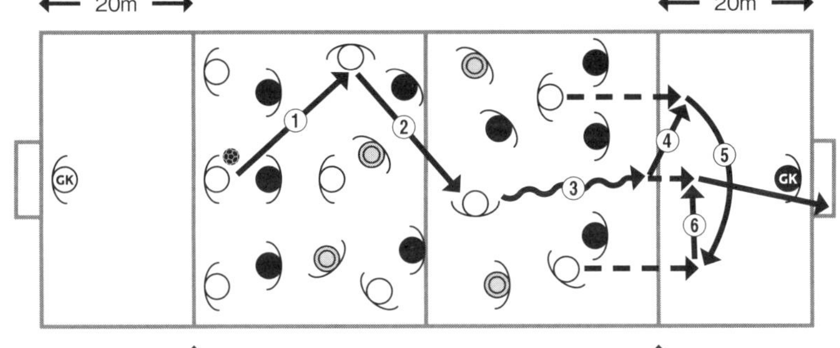

オフサイドライン　オフサイドライン

■進め方またはルール

縦105×横14メートルのコートサイズ。両サイドに20mのところでオフサイドラインを引き、シュートはこのラインをスルーパスまたはドリブル突破で通過してから打つことができる。1セットを約4分として4セット行う

①2タッチ以内、オフサイドラインをスルーパスまたはドリブル突破で超えてパス3本以上した後シュートができる

②フリータッチ、オフサイドラインをスルーパスまたはドリブル突破で超えてパス5本以上した後シュートができる

③フリータッチ、オフサイドラインをスルーパスまたはドリブル突破で超えた後シュートができる

■解説

トレーニング設定自体が、狙いのプレー原則となっています。横14mと狭く、縦がノーマルサイズなので縦を意識し素早く縦方向に攻撃しなければゲームが成立しません。

ボールが多少出ても選手はプレーを止めませんが、アウトボールになったら素早くコーチはボールを出し、選手は常に集中力を切らすことなく動かないといけないようになっています。

オフサイドラインを超えた後にパスをつなぐため、数的優位が必要になります。見た目にも非常に難易度の高いインテンシティの高いトレーニングでした。

トレーニング例8

GK+2対2+6対6+2対2+GK

○……攻撃側　●……守備側　◎……フリーマン

ボールの動き ➡　人の動き - - ➡

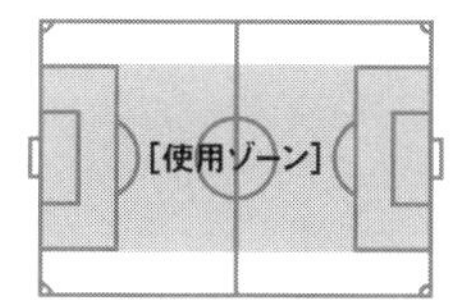

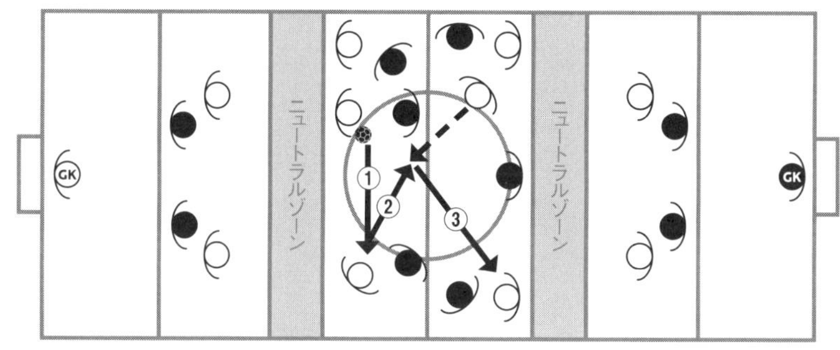

■進め方またはルール

TR1 中央からスタートする

TR2 2タッチ以内で10本パスをつないだらどちらかのゴール方向に攻める。守備側はボールを奪ったら、奪った方向に対しカウンターを仕掛ける

2対2の選手たちはニュートラルゾーンには入れない

■解説

攻撃はポゼッションから攻撃、縦方向を意識します。守備はボールを奪ったら素早く攻撃に転じます。攻守一体となったトレーニングです。プレーの原則では、ビルドアップ、ボールポゼッションからの攻撃、そしてゲーゲン・プレッシングからのカウンター攻撃になります。

トレーニング例9

GK+9対9+2GK+2フリーマン 3ゴールゲーム

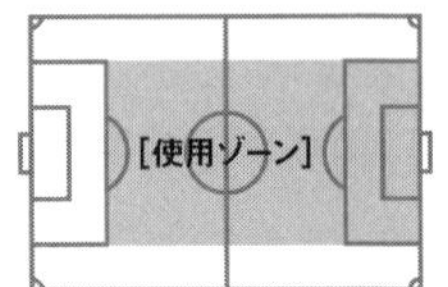

○……攻撃側　●……守備側　◎……フリーマン

ボールの動き　人の動き　ドリブル

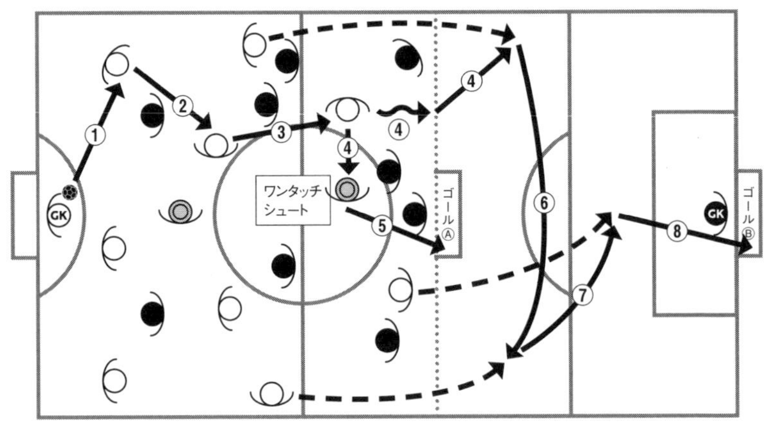

※ワンタッチでシュートにいけなかった場合はゴールⒷを目指す

■進め方またはルール

3つのうち2つのゴール（A、B）は通常のゲームができるように向い合せで設置。残りの1つは、ゴールAの後ろに距離をあけて置く。ゴールAの左右にはオフサイドラインを引く（ゴールラインのイメージ）

■解説

攻撃側のチームが目指すのは手前に１つと奥に１つのゴールです。手前のゴールはワンタッチでシュート、奥のゴールは手前のゴールの位置に引かれたオフサイドラインを越えてからでなければシュートを狙えません。

オフサイドラインはスルーパスまたはドリブルで運んでもかまいません。手前のゴールはワンタッチだけ、奥のゴールはフリーだけれど、オフサイドラインを越えなければいけないルールになっています。手前が攻めることができないない時にはサイドから突破またはスルーパスを使って攻撃を仕掛けなければなりません。監督からは特にラインを超えた後「テンポ、テンポ」と要求されていました。

トレーニング例10

4対4対4+6フリーマン

［使用ゾーン］

○…Aチーム　●…Bチーム　◁…Cチーム　◎…フリーマン

ボールの動き　人の動き　ドリブル

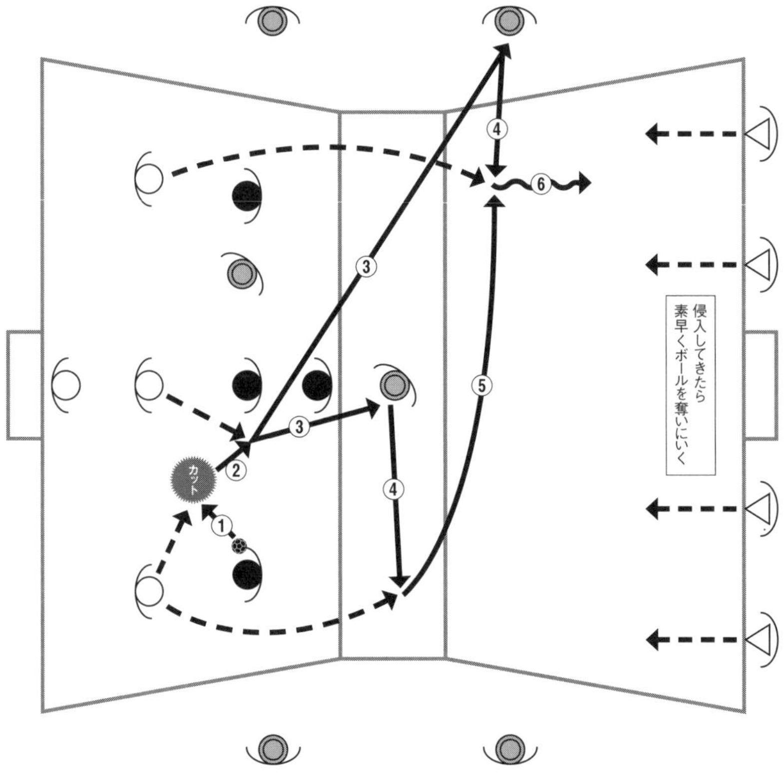

■進め方またはルール

ゴール前4対4+フリーマンでスタート。奪ったら逆サイドに攻める。ラインはフリーマンへのパスでも、ドリブルの侵入でもOK。逆サイドで待っている守備者は相手が侵入してきたら素早くボールを奪いにいく。ボールを奪ったら逆サイドに攻める。この際、中央のフリーマンはフリータッチ、サイドはワンタッチでプレーをする。3チームで入れ替わりながら行う

TR1 フリーマンを使わなくても良い

TR2 必ずフリーマンを使う

■解説

このトレーニングも縦方向を意識した攻撃、攻守の切り替えが求められています。フリーマンはコートの真ん中のエリアと両サイドに立っています。ボールを奪ったら逆側のレーンでフリーマンが3人いますので、素早くフリーマンを使い攻撃を仕掛けます。相手コートでボールを奪われたらゲーゲン・プレッシングです。つまり攻撃と守備が常に一体になっているトレーニングです。攻撃と守備の認知、選択、実行をハイスピードで行います。

トレーニング例11

切り替えを意識した2対1→3対3

[使用ゾーン]

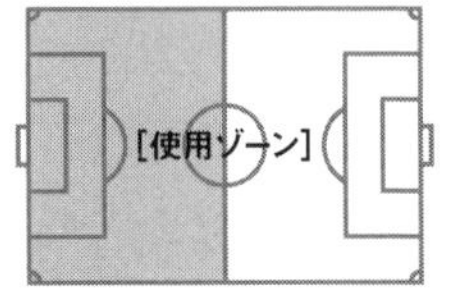

○……攻撃側　◎……フリーマン　●……守備側

ボールの動き　人の動き　ドリブル

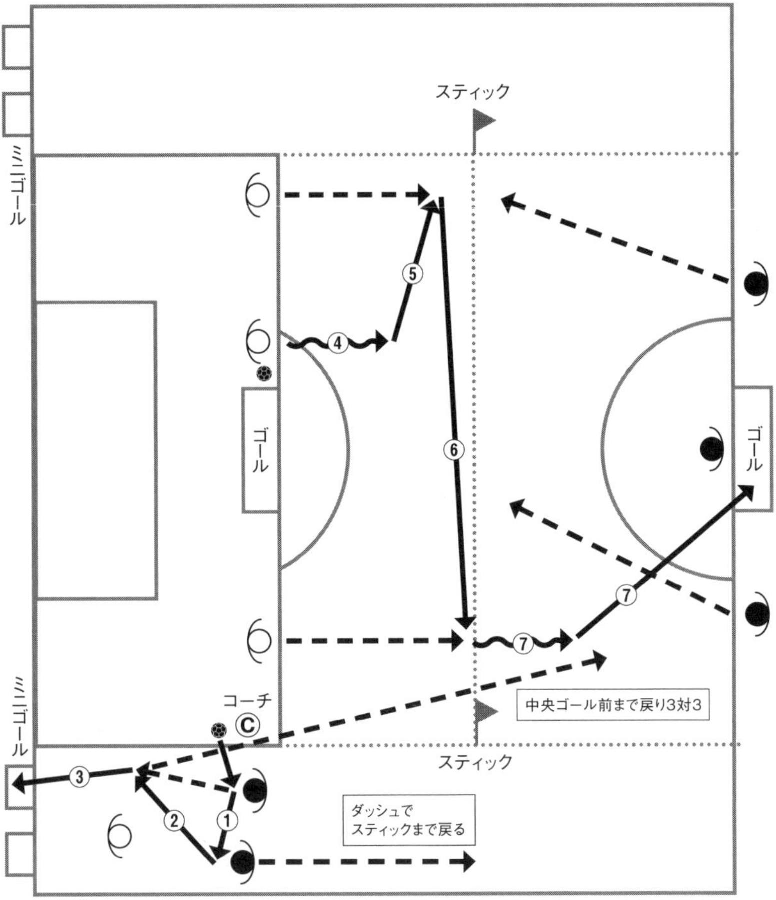

スティック
ミニゴール
ゴール
ゴール
ミニゴール
コーチ
C
中央ゴール前まで戻り3対3
スティック
ダッシュで
スティックまで戻る
①
②
③
④
⑤
⑥
⑦
⑦

■進め方またはルール

TR1 選手はサイドで２(攻撃)対１(守備)の状況で準備する。指導者が攻撃側の選手にボールを出してスタート。奥に置かれたミニゴールにシュートが決まっても決まらなくても、ボールがアウトになった瞬間に、中央のゴール付近で待ち構えていたグループが３対２を始める。サイドのコートでプレーをしていた攻撃の選手が１人加わって３対３を行う。中央でのプレーに参加しない守備側の選手はダッシュでスティックまで戻る

TR2 **TR1** と同様のルールだが切り替わった際にサイドの選手は全員中央のプレーに参加し、4対4でプレーする

■解説

切り替えのトレーニングです。トレーニングのメニューが違っても常にプレー原則である攻守の切り替えの要素が組み込まれています。グループ分けも綿密にされており、プレーするエリアでの選手の組み合わせが頻繁に変わりますが、スムーズに行われていました。

第3章

実際のプレーモデル構築法

プレーモデルに従ったチーム作りとは

２章ではホッヘンハイム時代のナーゲルスマンのトレーニングからプレーモデルを考察しました。非常に論理的でプレーモデル・プレー原則のつながりのあるトレーニングの例を見てもらいました。トレーニングのイメージが掴めたり、早速自分のチームでやってみたいと思った方もいるのではないでしょうか。

指導者のみなさんも、「こんなモダンなトレーニングをしてみたい」「ナーゲルスマンやペップのようなサッカーをしてみたい」と、考えている方は多いのではないでしょうか。

高いレベルではなくても、少年の指導で「日々の指導がうまくいかない」「思ったように選手の力が出せない」。こういった悩みを持つ指導者の方は少なくないと思います。

私自身も若い頃、恥ずかしながら、色々なメソッドを試すものの「何かトレーニングがうまくいかないな？」「トレーニングでやったことがプレーモデルにつながらず、試合で選手が力を発揮していないな」と悩む日々は少なくありませんでした。

プレーモデルやプレー原則を作ることはもちろん大切です。しかし、作戦盤やミーティングだけでは、選手たちが試合で力を発揮することはできません。論理的にメソッドを組み立て、実行（トレーニング）に移すことが大切になります。第3章では、プレーモデルに従ったチーム作りのトレーニングの手順について紹介していきます。

私は、「指導者はいかに楽して指導できるか」が大切だと考えています。ここでは理論と経験をあわせて紹介していきます。それが皆さんの助けになれば幸いです。

まず指導者が新しいチームで監督をする際、または、同じチーム内の別カテゴリーで監督をする際、チーム状態を様々な要素から把握し、プレーモデルを作っていくことが重要になります。医師の仕事に例えるなら**「初期診断」**が重要、ということです。特にプロクラブの監督においては常に「早く結果を出すこと」が求められます。初期診断は重要な作業になりますが、プレーモデルはプロセスの中で進化し、修正をしていくものでもあります。

プレーモデルを作る際に考慮すべき点

●プレーモデル構築指導はプレースタイルやチームの方向性を示していく創造的な仕事であり、型にはめていくことではありません。このため指導において選手の創造性を推奨し、アイデアを引き出していくことが大切になります。

●プレーモデルやプレー原則に対し、チャレンジと責任のバランスをとることで身につけていきます。

●選手の能力と現代サッカーにおける特徴やトレンドを考慮に入れることが不可欠です。

プレーモデルに影響を与えるものとは?

ここでは「プレーモデルに影響を与えるもの」が何か、考えられるものを私の経験を交えて、指導者が把握する主な項目を紹介していきます。

[指導者・チームのゲームアイデア／スタイル]

どのようなスタイルを志向しますか？

●ボールを保持した主導権を握るゲームメイクスタイル

●カウンタースタイル

大きく分ければこの２つになります。バイエルン、シティ、PSG、リバプールみたいなサッカー、または川崎フロンターレのようなサッカー etc……。

すべては、チームのスタイルを決めるところから始まります。

スタイルは、クラブやチームにおける戦略とも言い換えることができます。伝統のあるプロクラブや街クラブでも、すでにスタイルが決まっているところもありますが、ないチームは自らの考えに従って作っていきましょう。

例えば、どのようなスタイルか？

ゲームメイクスタイル（ポジショナルプレーorダイレクトプレー）、カウンタースタイル、最近では「ストーミング」とも呼ばれています。

●攻撃的？ or 守備的？

●主導権を握る？　リアクション（受け身）？

●どのようなプレーを、意図的なプレーを創り出したいか？

こういったことを書き出していくと整理できます。

育成年代におけるプレーモデルは「勝ち負けへのこだわり」だけではいけません。選手たちが、プレーモデルを通し、将来のためにサッカーを学んでいくことが大切です。

現代サッカー特徴と、未来の５～10年後のサッカーのスタイルの予測を考慮に入れることは不可欠になります。例えば、イングランドの「キック＆ラッシュ」。サッカーの母国である彼らの伝統的なスタイルが、選手育成の観点では悪影響だったと聞きます。旧ユーゴスラビアも一時期低迷していた時代の反省点としては「テクニックに傾倒しすぎて、現代サッカーとはスタイルが噛み合っていなかった」ということでした。ドイツはこの20年でモダンサッカーのプレーモデルを構築してきました。

よく「ドリブルサッカー」「パスサッカー」などといった言葉を見聞きしますが、これは、認知→判断→実行の「実行」の部分、つまり、技術的な側面であってスタイルとは異なります。

[選手の能力]

プレーモデルに選手の能力は不可欠です。現状、チームにどのような選手がいるかは把握する必要があります。

例えば「0トップ」を採用する際には、メッシのような選手がいなければ機能しません。

チーム内にウインガータイプの選手がいるのか？　サイドバックにはどのような選手がいるのか？　センターバックの選手はどのようなタイプか？

以前、私が指揮していたチームでは当初は1-4-2-3-1を採用しようとしましたが、プレーモデルに見合ったSBが獲得できず、既存の選手たちでは機能しなかったため1-3-4-3に変更しました。

理想のサッカーがあっても、選手がいなければプレーモデルは具現化していきません。「プレーモデルありき」ではいけません。選手が戦術を作るのです。

さらに言えば、「技術」「フィジカル」「インテリジェンス」の側面だけではなく、選手のバックボーン（在籍クラブ、育った育成組織など）も考慮に入れなければいけません。

同じスタイルやプレーモデルでも、選手が違えば全く同じサッカーにはなっていきません。

プロクラブやスカウト活動を行っているようなチームでは、プレーモデルを体現できる選手の発掘や獲得は不可欠です。私の大学ではプレーモデルに従って毎年スカウト活動を行っています。

[チームや国のプレー文化]

近年では、プレースタイルに以前ほどの大きな違いがなくなってきたとはいえ、言語に文化があるように、プレーにも文化があります。ドイツ、スペイン、イタリア、クロアチア、ブラジル、アルゼンチン、レアル・マドリー、FCバルセロナ、ユベントス、マンチェスター・ユナイテッド……。強豪国や伝統のある強豪チームには根付いたプレー文化があるのです。

これらは、何かマニュアルのように書かれたものではなく「カルチャー」です。日本でも地域やJクラブ、街クラブや高校サッカーにも同様にすばらしい「カルチャー」があります。そこにある文化に対するリスペクトが欠ければ、当然、仕事はむずかしくなります。

グアルディオラはバイエルンの監督就任会見で流暢なドイツ語で受け答えし、周りを驚かせました。現ザルツブルク監督はアメリカ人ですが、ドイツ語を習得し、ドイツ語でミーティングや指導をしています。

我々日本人がドイツ人やイングランド人のプレー文化を完璧にコピーすることは不可能です。オーストリアは隣国のスロベニアとは言葉だけでなく、全くと言っていいほどの違いがありました。

ロイ・ホジソン（元イングランド代表監督）はイングランド代表チームを率いた2016年ヨーロッパ選手権の後、オーストリア１部・２部の監督が集まった講習会でこのように語っていました。「代表に集まった選手たちはマンＵは赤の帽子、チェルシーは青の帽子、リバプールは赤の帽子……とそれぞれのカラー、いわゆるスタイルを持って代表に集まるが、イングランド代表の帽子は『白』、つまり、代表チームとしてのアイデンティティやカラーに染まっていかなければならない」。代表選手をいかにして代表チームに対してリスペクトさせるかという重要性を力説していました。

また、その監督会議が終わった後にロイ・ホジソン氏に「多国籍のチームのまとめ方」について質問しました。私が監督をしていたSVホルンは多国籍のチームであったため、ロッカールームではドイツ語、英語、セルビア語、日本語など様々の言葉が飛び交い、キャプテンからもまとまりにくいと相談を受けていました。「みんながその国の母国語を使うようにすること。ベンゲルはあるチームで監督をしたときにその国の言葉ではない英語を公用語にしたがうまくいかなかった。その国の言葉をみんなが使うようにすることは、その国であったりチームをリスペクトすることになる」と教えてくれました。

SVホルンは、様々なバックボーンを持つ選手が多く在籍していました。その中で私は様々な方法でプレーモデルの理解を試みました。

プレーモデルの説明をするために、FCバルセロナのプレーからプレー原則のビデオを作り、説明をしたときのことです。日本人やオランダ人たちは「こういうポゼッションスタイルはいいよね」なんて反応を示したのですが、そんな中、元オーストリア代表の選手が「監督、我々オーストリア人はアトレチコ・マドリーやレアル・マドリーにはなれても、バルセロナにはなれないな」とコメントしてきました。

これは私にとって、非常に興味深い話でした。自分たちが何者かがわかっているので、彼らは自分たちがスペイン人になれないのは当然わかっていました。しかし、その中で「新たなものを取り入れたくない」ということではなく、自分たちオーストリア人にはアイデンティティがあることを示してくれたのです。

グアルディオラは「ドイツのカウンター文化は素晴らしい」と自らのスタイルに取り入れました。

私は、日本でも様々なチームや地域で指導してきました。当然ですが、高校サッカーの伝統校には、すでにプレー文化があります。以前、指導していた静岡県にも優れたプレー文化がありました。

『監督の仕事は選手とチームの価値を高めること』
ジェラール・ウリエ（元リバプール監督）

監督の仕事は既存のものを考慮するだけでは成立しません。プレーモデルを通して個人とチームの価値を高めることができる、そういう文化を作ることは重要な任務になります。

プレー文化は伝統や歴史から自然に生まれるものだけではなく、「意図的に作れるもの」です。これがプレーモデルの考えにもなります。

[プレー原則]

サッカーの４局面、つまり、ボールを保持している時（攻撃）・相手がボールを保持している時（守備）・攻撃から守備への切り替え・守備から攻撃への切り替え、この４つの局面で見られるプレーの原則を指します。また、各エリアでの原則と目的を具体的に設定していきます。プレー原則については、のちほど詳しく説明します。

現代サッカーの特徴とトレンドを考慮する

１章でもこの点に関しては述べましたが、実際のプレーを構築していくためには重要な視点です。そして、どのカテゴリーの指導者もこの点に関しては常に学びが必要です。

[フォーメーション]

フォーメーション自体は、選手の配置でしかありません。システムと違ってフォーメーションとは、そこにどういう動きのラインがあり、どのスペースを使って、どういう動きをするのか、ということを指し示すものです。

[クラブの組織構造と目的　その他マネジメント]

現実的にプレーモデルを落とし込むための組織構造や環境面のマネジメントは大切です。プレーモデルを浸透させるためのマネジメントは、ある意味では「トレーニング以上に大切なこと」でもあります。私がヨーロッパでの監督経験から言えるのは「トレーニングは最も楽」だということです。チームを構成する選手が22人と30人とでは大きな違いがあります。

部活動のように100名を超えるクラブではかなりの違いが出てきます。練習回数は週に何回設定できるのか？　練習でフルピッチを使えるチームと４分の１しか使えないチームでは、大きな差になります。アシスタントコーチの人数やフィジカルコーチの有無でも異なってきます。

プレーモデルを実現させるためには、周りの協力が不可欠です。ヨーロッパの監督たちが短時間で選手たちにプレーモデルを浸透させるためにスタッフがセットで動くのもこのためです。しかし、ヨーロッパのクラブであっても常に自分のスタッフを呼べるような状態を作ることは難しいのです。特に外国人監督の場合、クラブ内に現地スタッフを入閣させて、選手や現地のことに精通するアシスタントコーチを置くことは、選手との間に橋渡しをするためにも重要です。モウリーニョは過去に監督を務めた、ベンフィカ、インテル、レアル・マドリー、マンチェスター・ユナイテッドなどのそれぞれで、クラブのレジェンドと言われる人物やコーチをスタッフとして重用していました。フィジカルコーチにも様々なタイプがいます。プレーモデルにあったフィジカルトレーニングができるコーチなのかが大切です。

プレーモデルを設定し、チームを機能させて個人を育成するための組織や環境も大切な要素になります。部活動であれば25名前後のグループをレベル別に分け、プレーモデルを統一していく工夫が大切です。

SVホルンで私の前任者として監督をされていた方は、試合の翌日のリカバリーは自宅で行い（各自、心拍数時計を持たせられている）、その次の日はオフという形を取っていました。実質的には2連休で出場機会のないものはトレーニングが少なくなるというデメリットがありました。これはオーストリアでは割とよくある例だと聞きました。私が就任してから試合の次の日は、クラブに来てリカバリー、マッサージなど、コンディションを把握し、出場が少ない選手やメンバー外の選手は練習または2軍の試合に出場させることを行いました。若手の育成には必要なことだと判断したからです。

同じ現場で働くスタッフのほとんどはオーストリア人であったため、彼らの習慣を理解する必要がありました。例えば2部練習を行う場合には休息を取れたものの、クラブまで車で片道1時間30分かけて来る人が3分の1ほどいました。こうした選手たちの事情も考慮しなければならないのです。

戦術的ピリオダイゼーションのトレーニングサイクルを採用しようと試みましたが、オーストリア2部はほとんどの試合が金曜日のナイターで行われていました。戦術的ピリオダイゼーションに従ってトレーニングを計画すると、土曜日オフ、日曜日トレーニングとなります。オーストリア2部のプロクラブでは、土曜日リカバリー日曜日はオフが通常の習慣でした。オーストリアは日曜が休日でありほとんどの店も空いておらず「家族と過ごす日」でした。これをいくらプロだからといって日曜日練習にすると、選手スタッフのメンタリティに問題が出る、または外国人としてマネジメントする中でそぐわない可能性が高まります。一番は選手に必要以上のストレスをかけないことを考えて採用を見送りました。

グアルディオラがロッカールームは選手にとって「聖域」だと言っているように、監督にとって無視のできないマネジメントをすべき場所です。私が監督に就任する際にはノバコビッチが「ロッカールームは選手がまとまるためには大切な場所だ。そのためにはベテラン選手とうまくコミュニケーションを取れば良い」とアドバイスをくれました。私は選手通訳の経験を通し、その重要性を痛感しましたが、その経験が監督になって非常に役立ちました。

黄金期のACミランではパオロ・マルディーニやジェンナーロ・ガットゥーゾらベテランの中心人物が、規律を乱す若者などを監視し、チームをまとめていたそうです。モウリーニョもこのロッカールームのマネジメント問題についてしばしばコメントをしているくらいでした。

監督によってはロッカールームに近い存在のトレーナーや

コーチから様々な選手情報を手に入れる努力をしています。それも、プレーモデルの浸透に大切なことだからです

クラブの目標には、優勝を狙う、リーグ残留、選手育成、全国大会出場、地域の子どもが通う普及的なクラブへ、などと様々あります。こういったことも考慮に入れなければなりません。

プレーモデルの構築は単なる戦術上やメソッド的な話ではなく、チームマネージメントのためのフレームワークでもあります。結果を出すための必要不可欠なものです。前述したようなことをまとめることで指導に集中することができるでしょう。

シーズン途中に監督に就任した場合に、プレーモデルをどう作っていくか？

シーズン途中に新たな監督に就任したとき、監督のアイデアはすべて実現できるわけではなく、チームがうまくいっていない状況のために大きく変える必要に迫られますが、準備期がないため難しい仕事になります。私は若い頃スロベニアでその当時モダンなゾーンプレスを導入しようとしましたが、

受け入れられず4日で解任になったことがありました（笑）。

SVホルン監督就任時は3部リーグで残り8試合の状況で2位につけていましたが、優勝することが昇格条件（のちに他チームのライセンス問題で2位以内でもOK）でした。私は基本のシステムを大きく変えずに、基本的なプレー原則にいくつか手を加え、よりわかりやすく設定しました。結果的に優勝して昇格できただけではなく、明確なプレーモデルを持つことで、29人中22名の選手、ケガ人以外ほとんどがプレーすることができ、新たに活躍する選手も生まれました。ペトロビッチ氏がサンフレッチェ広島の監督に就任した際には3週間でプレーモデルを浸透させ驚きを与えました。プレーモデルの大枠をチームに浸透させ、結果を得ることが大切で、選手との信頼関係にもつながります。

プレー原則をつくるには?

チーム作りをする際に大事なのは、「スタンダード」を作ること、つまりプレーにおいては「プレーモデルに基づいたプレー原則」を作ること（**[図7]**）です。

[図7]　プレー原則の構成

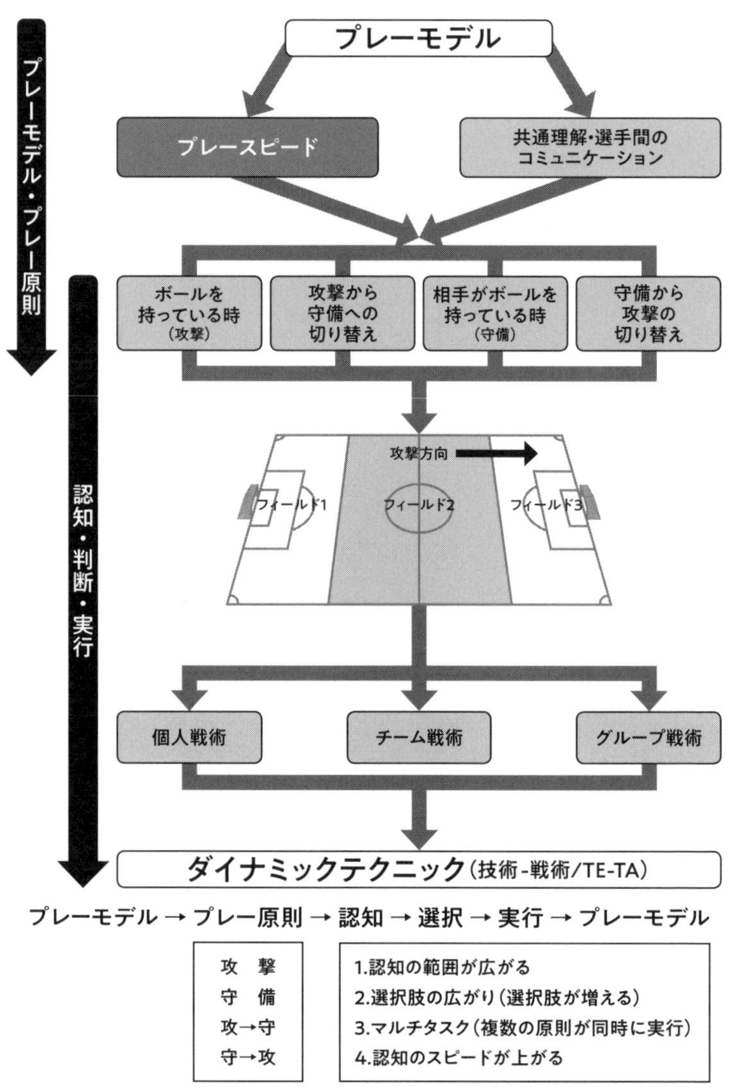
プレーモデル・プレー原則
認知・判断・実行
プレーモデル
プレースピード
共通理解・選手間の
コミュニケーション
ボールを
持っている時
（攻撃）
攻撃から
守備への
切り替え
相手がボールを
持っている時
（守備）
守備から
攻撃の
切り替え
攻撃方向
フィールド1
フィールド2
フィールド3
個人戦術
チーム戦術
グループ戦術
ダイナミックテクニック（技術-戦術/TE-TA）
プレーモデル → プレー原則 → 認知 → 選択 → 実行 → プレーモデル
攻　撃
守　備
攻→守
守→攻
1.認知の範囲が広がる
2.選択肢の広がり（選択肢が増える）
3.マルチタスク（複数の原則が同時に実行）
4.認知のスピードが上がる

以前、指導者から「オーソドックスなサッカー」「俺のサッカーはオーソドックスだから」「サッカーの原理原則は同じ」という言葉がよく聞かれました。選手にはイメージしにくいように感じました。

ゲームの中で、良いプレー、悪いプレーとは？　判断は？それらは状況に応じて変わってきます。プレーモデルからプレー原則といった、基準を設定することで、プレーの状況において、判断の良い悪いが見分けられるようになり、チームとして良い判断ができるようになります。

まず『プレー原則とは？』を説明していきます。

サッカーの4局面の中で（攻撃、守備、攻撃から守備、守備から攻撃）プレーする時の原則であり、最初に選択するプレーの優先事項になります。チーム、個人として優先的に行うプレーです。プレー原則は事前にチームとして決められています。プレーモデルの特徴に「共通理解・コミニュケーション」がありますが、これとプレー原則は密接に関わっています。

サッカーは集団スポーツであり、攻守の切れ目が分かりにくいため、集団としてのプレー原則に基づいたコレクティブ（集団的）なインテリジェンスが必要になります。

プレーの原則はゾーン1・2・3とエリアごとに目的と原則に分かれます。これら原則は、主原則・副原則・副副原則の3つに分けられます。これらは、分かりやすく言えば、それぞれチーム、グループ、個人戦術に関わります。最近では5レーンなどという考え方もあります。ホッヘンハイムやザルツブルグではラインが引いてあり、練習でエリアごとの目的が意識できるようになっていました。

[プレー原則の分類]

●主原則

――プレーモデルの基礎となるもの

――チーム戦術

●副原則

――グループ戦術

●副副原則

――個人戦術

[プレー原則の設定]

①実現が可能なもの

②エリア毎に現実的に認知や実行が可能なもの

③ポジションやポジショニングについて

④個人とグループ、チームが関連付いている

この４点を考慮して設定します。現実的に不可能なものを設定してしまう指導者が見受けられますが、プレー原則とは、**パターンではなく方向性を示したもの**です。

プレー原則の持つ効果

大事なのは、選手が「監督やクラブが描くプレーモデル以上のプレーをすること」です。つまり「戦術は選手が作る」のです。

●パターンではなくプレーの方向性や優先順位が明確になり、よりプレーの意欲が湧く
●プレー原則を理解することによりプレーの目的が明確なり、よりチャレンジするようになる
●評価基準が明確になり、うまくいったこと、どこのミスなのか？　がはっきりし、チーム内に物差しができる
●チームとして良い判断ができるようになる（コレクティブ・インテリジェンス）
●指導者と選手間で統一した言語が生まれ、チーム内のコミュニケーションが円滑になる
●認知のスピードアップと範囲の選択肢の拡大
●個人に依存したプレーが無くなり、誰が出てもチーム力が大きく低下しない

「プレー原則はパターン化されたプレーではなくプレーの方向性であり、より創造性や多様性を生むものである」。

プレー原則はプレーや状況をパターン化するものではなく、プレーの方向性を示すもので、柔軟性や多様性があるものです。90年代トレンドの中心だったサッキはイタリア代表やACミランで20種類もの攻撃パターントレーニングを繰り返し、「オートメーション化」「自動化」を図りました。この考え方は古い考え方になり、現代では多様性や柔軟性が求められています。プレー原則は型にはまった「この状況ではここに出しなさい」ではなく「横パスより縦パスを選択する」と言った方向性を示すことです。

ドラガン・ストイコビッチ（元名古屋グランパス監督）は選手時代、いつも横パスをしていたら育成の指導者から「パスの優先順位は縦パスまたは前だよ」と教わりました。指導者から「今は非力で届かないこともあるかも知れないけど常にチャレンジしなさい」と教わったことを感謝していると述べています。いわゆる方向性を学んだことでパスセンスのある選手として活躍できました。

プレー原則を身につけるためには

ラングニックはゲーゲンプレッシングを育成段階から身につける方法として、「90分の試合で、前半45分でフラフラになるくらい、極端にフォーカスしてプレーさせることで身についてくる」と説いています。トップチームでも、実際RBライプツィヒが1部に昇格した際には、前半は良くても後半は足が止まるなんていう光景を多々目にしました。最初の段階で行くところ、行かないところを選べば良い、というアプローチだと、優先事項は身につきにくいでしょう。

例えば「斜めのパス」を身につけさせるときに、斜めのパスを選択した選手のパスが取られたときに「今のは横パス」「今のは前に大きく蹴っておけ」などと、そのトライに対してコーチングをすることで、プレー原則の優先事項が身につきづらくなることがあります。ミスでもトライを奨励していくことで選手の意欲が湧きトライするようになります。

そして一番大事なのは**「集団が監督やクラブの描くプレーモデル以上のプレー」**ができるようになることです。つまり「戦術は選手が作るということ」です。プレー原則が理解できる選手が増えると、自らの特徴が活かせるようになり、ゲームの変化にも対応できるようになります。

原則やそれを言語化することで「立ち戻る場所を作り」コミニュケーションを円滑にしていきます。

プレーモデルに従ったトレーニングは今までのトレーニングとは何が違うのか？

今でも日本では旧来の方法で、「技術」「戦術」「フィジカル」「メンタル」に対し個別にアプローチさせていく方法を取る指導が多いと思います（**[図8]**）。いわゆる「クローズド・トレーニング」と呼ばれる一つの要素を個別にアプローチす

[図8]　プレーモデルに従ったトレーニングと旧式のトレーニングの違い

旧来の方式（個別のアプローチ）

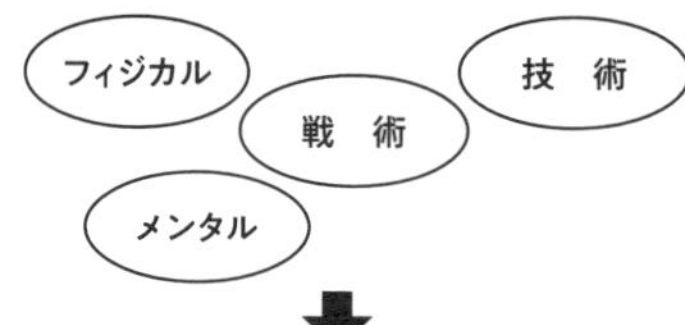

それぞれは向上するが、
試合でうまく活かされない。
試合でどう動けばわからない……。
試合で速く動けない。

プレーモデルに従ったトレーニングの構築（全体を複合的にアプローチ）

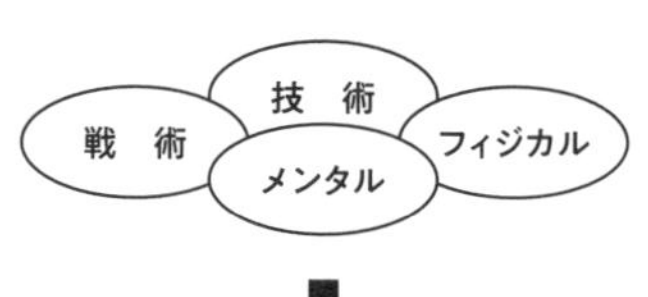

ゲームインテリジェンスが鍛えられ、
試合でそれぞれが相互に作用し、
効果的に発揮できるようになる。

ることです。それぞれが向上しても、いざ試合になったときに、どうやって動けばいいかわからないからうまく活かされない、ということが起こりえます。

バラバラにアプローチすることの弊害として、それぞれが向上しても試合では活かされないことがあります。例えば、試合は平均10キロを走るから毎日10キロを走る、技術面の練習でいえば、止める・蹴るが大事だから、敵がいない中で対面パスを延々と繰り返す、そして特によく見かける光景が対面でパスコントロールを繰り返し、もらう前に首を振るなどです。私がかつて出会った選手で「僕はFC東京では長友佑都選手よりも持久力がありました」という選手がいましたが、試合ではどう見ても長友選手よりも動けているように見えませんでした。「僕は100メートルを10秒８で走ります」という選手もいましたが、いざ試合になると速さを感じませんでした。

これがサッカーで一番難しいとされる“インテリジェンス”の部分なのです。要は、試合の中でいかに持てる力を発揮できるか、そうなるためにどうトレーニングをすればいいのか――。

その答えが、プレーモデルに従ってトレーニングをすることです。これは戦術的ピリオダイゼーションの考え方にも共通して言えることです。

サッカーというスポーツを全体という概念で捉えて包括的にアプローチすることで、ゲームインテリジェンスが鍛えられ、試合でそれぞれが相互に作用し、効果的に発揮できるようになります。

どんなサッカーのスタイルで、サッカーの4局面（攻撃、守備、攻撃から守備、守備から攻撃）に合わせてプレーをどう判断したらいいのかを盛り込みながら、技術も、戦術も、メンタルも、フィジカルも包括してアプローチをする「グローバル・メソッド」を用います。

本番の試合では一つひとつの要素が相互作用を起こすことになります。たとえ足の遅い選手だったとしても、インテリジェンスさえ高ければ、それだけでプレースピードが上がるので、速く見せることもできるということです。

例えば、グアルディオラがマンチェスター・シティで最初に行ったトレーニングは攻撃のパターントレーニングをしながらの有酸素トレーニングでした。要は、ボールをつなぎながらシュートをして、ジョグで戻る。それを繰り返すトレーニングを行っていました。これがバイエルンであれば、何本かチャレンジ＆カバー行い、走って戻ってくるといったトレーニングも行っていました。

モウリーニョであれば、戦術的ピリオダイゼーションの考え方として、週頭に回復のトレーニングを組み込みながら、次節の対戦相手に対する守備のスライドトレーニングを行っていたそうです。「スプリントしなくていいので動き方を覚えてくれ」。ただ回復するためにランニングをするのではなく、戦術的トレーニングも組み込んでいくのです。これらがすべてにおいてプレーモデルにつながっていきます。低速度でダイナミックテクニックを行う場合もあります。

以前からボールを使ったフィジカルトレーニングとしてサーキット形式やボールポゼッション形式などがあります。ここでの違いの中で最も大切なことは、ゲームの中でいつどこで何をするか「戦術的であり認知・選択・実行が学べるもの」が含まれていることです。同じ11対11のトレーニングでも、設定次第で持久的なトレーニングにもなりうるし、条件設定を変えれば、認知のスピードを上げるトレーニングにもなりえます。そして選手はトレーニングでゲーム中に起こりうる様々な状況を同時にこなす「マルチタスク」と呼ばれる能力を養っていかなければなりません。

プレーモデルに従い、以下のことが「包括的に」盛り込まれたトレーニングを行う必要があります。

プレーの決断を下さないといけない状況 → 戦術
フットボールアクションの駆使 → 技術
プレーを実行するために動く → 運動能力
感情や意欲によって駆り立てられるもの → メンタル

これらをプレー原則に従ってトレーニングをデザインしていきます。

トレーニングを継ぎ接ぎにしない

さて、それでは話を実際のトレーニングに移していきましょう。皆さんは、どのように日々のトレーニングを行っていますか？

今日は４対２、５対５、１対１、２対２、そして紅白戦。明日は最初にドリルトレーニング、ポゼッショントレーニング……。このようなトレーニング構成では、選手たちにプレー原則が身についていきません。

トレーニングは、プレーモデルを元にプレー原則を構築し、改善していきます。よくある例ですが、M-T-M（マッチ・トレーニング・マッチ）理論、皆さんもご存知ですよね？

この理論に基づき「先日の試合では、ポゼッションがうまくいかなかったから、今日はそれを改善するためのトレーニングを行う」。私は、これでは十分ではないと考えます。

トレーニングは改善→改善ではないのです。

プレーモデル → トレーニング → 試合 → プレーモデル → トレーニング → 試合

出発点がプレーモデルにあり、それに対するプレー原則をトレーニングで身につけて積み上げながら改善していく。出てきた現象だけを改善してもプレーモデルの構築にはなっていきません。

また、いくらルールの面白いトレーニングであっても、プレーモデルはつながることがなければ、トレーニング同士が相乗効果を生みません。例えば「リバプールのクロップ監督が行っているトレーニング」であってもです。トレーニングは「プレーモデルを積み上げていく」、または育成年代においては「必要なことを獲得していく」ことが大切です。

トレーニングに無駄があってはいけません。育成年代、プロチームに関わらず、時間を有効かつ最適に使う必要があります。学習期を除いては、トレーニング1→2→3、すべてがプレーモデルやプレー原則につながっていることが大切であり、そして選手が「何を学び」「どうプレーするか」を学び、感じ取れるものである必要があります。**[図9]**

[図9]　プレーモデルを構築するのに必要な要素

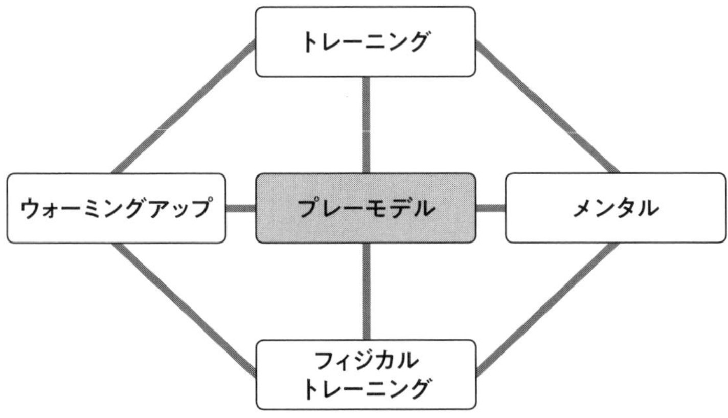

それぞれがプレーモデルにつながっていることが大切

サッカーのトレーニングを分類してみると、下記になります。

[トレーニングの分類]

●ダイナミックテクニック、シチュエーションテクニック(技術系のトレーニング)

●ポジショナルプレー形式（ゴール有り／無し）

●サッカーのアクション形式の組み合わせ
（1対1、2対2、3対2 etc）
●ゲーム形式（4対4、7対7、8対7 etc）
●試合形式（11対11）

みなさんも大なり小なりこの分類の中から選択されているのではないでしょうか。しかし、同じトレーニングメニューでも、設定されているルールによってはプレー原則によって導き出されるものが違います。例えば、2章のナーゲルスマンのトレーニングのメニューだけ真似しても、ホッヘンハイム のようなサッカーにはなりません。FCバルセロナが行っている「ロンド」だけを真似してもあのようなビルドアップは生み出せません。

●トレーニングに、意図的に作り出したい。
プレーモデルやプレー原則の要素が含まれる。
モデルに応じて構築する戦術ポイントが入っている。

例えば、プレー原則として「斜めのパス」や「3人目の動き」があるのならば、ダイナミックテクニックやゲーム形式のトレーニングにもその戦術的な要素が入っている状態中でトレーニングをすることが重要です。

●それぞれのトレーニングがプレーモデルにつながり、お互いが糸のようにつながっている

面白いトレーニングだからといって、決してバラバラなトレーニングをしないことが重要です。これはオシム、これはシュミット、著名な監督たちがやっていたトレーニングが面白いからといって、バラバラにやっても効果は望めません。トレーニングは継ぎ接ぎになってはいけません。自分たちがどうプレーしたらいいのかをトレーニングの中で理解するように持っていきます。トレーニングが終わった後に選手自身が「今日は何のトレーニングをやったか」を感じられることが大切です。

10年ほど前に流行ったオシム式のトレーニングやフランスアカデミーのパスドリルは、プレーモデルやプレー原則にどのようにしてつなげていくかという考えがなかったためにブームで終わり、うまく使えませんでした。対してザルツブルグの下部組織の練習を見るとU-15からクラブのプレーモデルの習得のためにドリルがあり、すべてそこにつながっています。

●ゲームインテリジェンスはトレーニングにより発展していくため、運動記憶を刺激するためのドリルやゲーム形式のトレーニングを行う

ゲームインテリジェンスは、ただゲームをこなしているだけでは身についてはいきません。目的やプレー原則を設定したトレーニングを繰り返すことで身についていきます。

マークを外す、ボールを受けてボールを運ぶ、フリーランするなどサッカーの試合に必要な実戦的な要素は、動きながら行うトレーニングによって獲得ができます。

●ストリートサッカーで行っているような主観的なトレーニングでは身につかない

ストリートサッカー自体は大事だと思いますが、ただストリートサッカーをずっと繰り返しても身につかないこともあります。

主観的なトレーニングというのは、例えば、ゴールキーパーをいれて5対5を実施する場合でも、**[図10]** のように、左サイドハーフ、セントラルミッドフィルダー、フォワードが自陣にいる、前にサイドハーフがいる、つまりポジションがバラバラな状態です。これではストリートサッカーです。

フォワードとしては、相手ゴール前にいる中で認知や判断

を鍛えることがトレーニングになるのです。ポジションに当てはめて4対4を実施することで、ポジション、エリア、局面においてどう実行すればいいのか、認知、選択、実行をどうすればいいのか、ということが理解できるようになります。

[図10]　ストリートサッカーとサッカーのトレーニングの違い

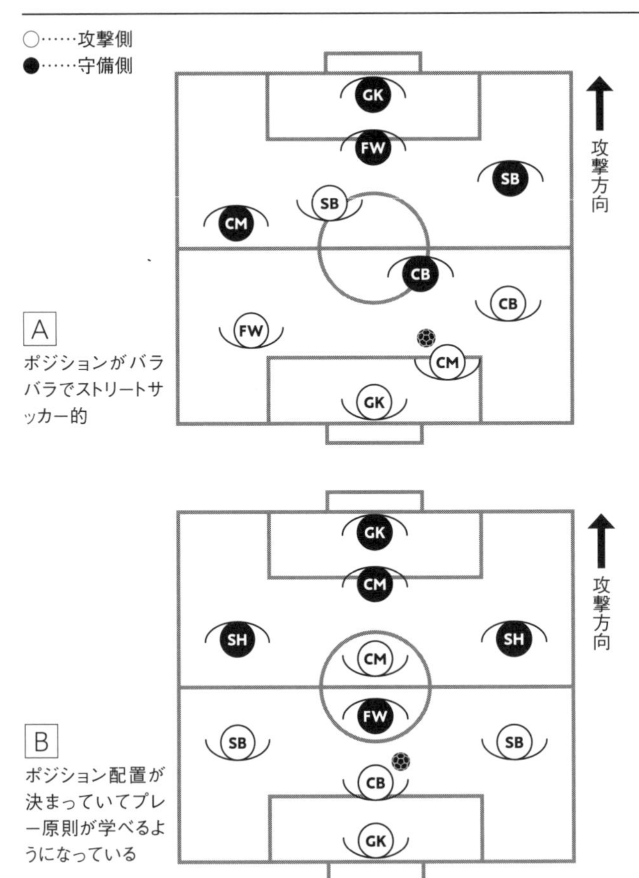

シュートチャンスの作り方における意外性と驚きを与えるプレー原則の例とトレーニングメソッド

現代のサッカーにおいては以下のようなシーンがシュートチャンスにおける原則として挙げられます。

●ボール奪取後の切り替えの早さ
●攻撃の最終局面においてのダイレクトパス
●ボールの動かし方:サイド、中央、縦
●リターンパス、縦パス
●3-4人目へのパス
●2人の相手選手の間を通すパス（ギャップへのパス）とボールを受ける動き
●相手のラインの間を通すパスとボールを受ける動き
●素早いサイドチェンジ
●パスを出した後の2列目、3列目からの攻撃参加
●2本から3本のワンタッチパス
●相手を引き付けるドリブルでの運び
●相手DFの背後へボールを運ぶ
●スペースへの走り込みとパス

共通理解としてプレーの「スピード」「方向」「タイミング」「ポジション・ポジショニング」が大切になっています。これを基に段階的にトレーニングを組み立てていきます。**[図11]**

[図11]　攻撃におけるプレー指導メソッド

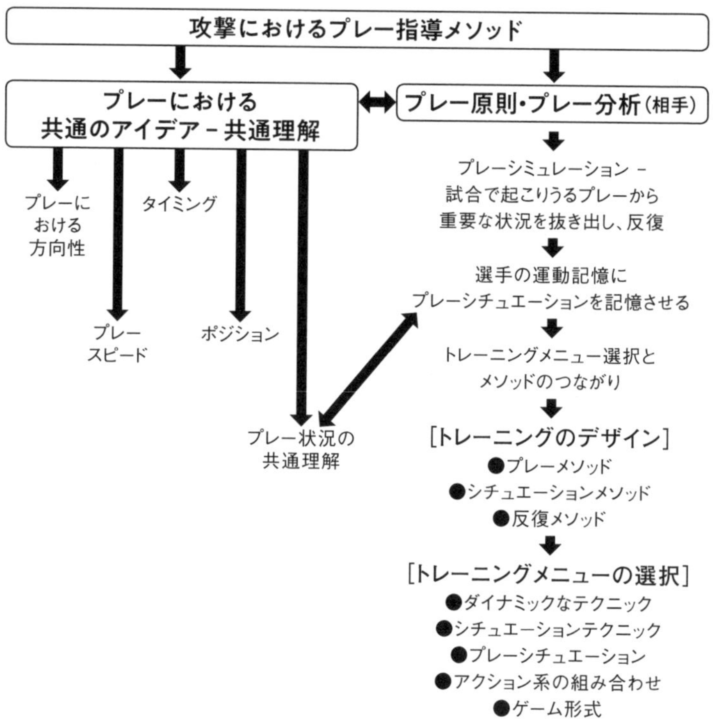

プレー原則を身につけるために有効な「発見誘導型トレーニング」

日本で発見誘導型トレーニングを用いていることで有名な指導者は、ペトロビッチやオシムが挙げられます。ヨーロッパでは古くから行われていました。私がナーゲルスマンのトレーニングに感銘を受けた部分は、このトレーニングの原則にありました。
「頭が疲れるトレーニング」
「考えながら走る」
スロベニアやオーストリアでも90年代後半に注目され、UEFAライセンスコースでも紹介されました。日本でもビブスの色をたくさん使ったトレーニングなどオシム流トレーニングがブームとなり、書物や映像で紹介されました。ただ、現在では日本ではあまり見られなくなりました。残念ながらうまく使いこなせず、あまり普及していないように思います。

これらのトレーニングは彼らだけではなく、多くの成功した監督たちによって用いられています。マルセロ・リッピもユベントスやインテルの監督時代にこの手法を使い、チームをチャンピオンズリーグ優勝に導きました。当時の選手であるアレン・ボクシッチ（元クロアチア代表）に、
私が「ポジションチェンジしながらのトライアングルがプレー原則だと思うけど……」
と質問したら、
「その言葉自体はわからないが、どこに動くか、味方が動いたらどのスペース使うかは理解している」
と答えました。これは選手がプレー原則を自然に理解して

いたということです。

トレーニングがプレー原則によって設定され、プレー原則を認知して実行しなければうまくいかないようなトレーニングになっているのです。プレー原則の「3人目の動き」を習得するには、例えばポゼッション形式ならばリターンパスなしというルール設定をします。同じように「斜めのパス」であれば、その設定をトレーニングに盛り込んでいきます。選手は「自ら答えを導き出しながら」プレーをしていくことでプレー原則を身につけていきます。

トレーニング例としては、

①ボールポゼッション6対6+フリーマン

ルール **ダイレクトフリー・リターンなし（ワンタッチパスの連続はOK、フリーの後はワンタッチパスでリターンパスができない）**

②4対4+2GK　リターンパスなし

③4対4+2GK　リターンパスなし・フルコート

『選手は怠けがちなので、動かないといけない状況をトレーニングで作っていく』

――ミハイロ・ペトロビッチ

動かないといけない状況を作ることで、フィジカル面の負荷以上に戦術的インテンシティが高まります。

例えば、トレーニング3では、同時にコンディション面もトレーニングすることができます。
このトレーニングでのポイントは、

①トレーニングの設定やルール自体がプレー原則になっていること
②最初から答えを言わない、うまくいかなくてもしばらく様子を見る。選手が答えを導き出すまで待つ
③それでもうまくいかない場合に止めて説明するほうが、気づきがあり、より理解がしやすくなり、より意欲的に取り組むようになる

極端に言えば、指導者が何もコーチングしなくても、プレー原則は身につきます。また、プレーのパターンを学ぶのではなく、方向性を学んでいくため、創造性、柔軟性、適応性が身についていきます。

トレーニングの原則

①全体から部分、部分から全体へ

例えば、ビルドアップの練習の際にロンドだけ行っても効果は生まれません。フィールド1でセンターバックがボールを持ったときに何が優先順位でフォワードはどのようなポジションを取るかといったことを学んでから、各ポジションの部分やトライアングルの作り方、ボールの受け方などの部分を学習していくと効果的です。守備でも局面の1対1や2対2ばかり行っても全体の組織につながらないことが見受けられます。

サッカーを構成しているものを「顕微鏡で見る」というようなミクロな視点ではなく、大枠から逆算してトレーニングを組み立てることが大切です。

育成年代で4対4のゲームをするとき、4対4は、8対8から11対11につながっていく最少の構成となります。3対3もそれに近いものですが、サッカーは11対11でいうところの広がりと深さがあるので、最少の構成で最適なのは、4対4+ゴールキーパー、もしくは、ゴールキーパーを置かない4対4だと考えています。

この最少構成でゲームを行うことで、サッカーの全体を学ぶことができます。

最近気になるのはYouTubeなど動画サイトでシーンごとのプレーを学ぶことの弊害です。検索すると様々の動画が見られ、参考になるものもありますが、これによりサッカー全体を理解していない育成年代または大学生の選手が見受けられます。サッカーのテクニックや局面的なプレーは全体の中での一部です。あくまでサッカー全体を捉えることが大切です。

②フィールドごとの目的と原則に特化する

●ポジション 、ポジショニング

●プレーエリア、局面

プレーのエリアはどこなのか。自陣なのか、相手陣内なのか、サイドなのか、という要素がある中で、どういう局面を選択し、どんなトレーニングを選択するのか。つまり、どこに特化していくかということです。

ゾーン１なのか、ゾーン２なのか、ゾーン３なのか、そこにプレー原則が入ってきます。

ある一定の年齢になると、ポジションに特化した「個別トレーニング」が必要になります。育成年代のベースとして、４対２、５対２、縦や横を見る、横から斜めを見る、といった要素は不可欠ですが、センターバックとフォワードの認知選択やポジションごとの役割が変わってきます。方向性のないポゼッショントレーニングや一般的なポゼッショントレーニングを繰り返すことで逆にサッカーが下手になる可能性があります。

③トレーニングの発展

トレーニングを計画通りに行うことも大切ですが、「選手の動きを見たり、観察したりする」ことも大切です。

私も若い頃はトレーニングをメニュー通りに行うことで精一杯になり、選手の動きをあまり見られていませんでした。それでも最近は正解を決めつけ過ぎず、その中で、選手が意図した状況を作り出せているのかを見るようにしています。日本人選手は練習をこなすのがうまくなり過ぎることがあるので、選手の動きを見ながらルールや負荷を変えていく必要があります。10回やったときにすべて同じ動きをするものではありません。あらかじめ決められたプラン通りの練習をやるのではなく、選手を見て、これは選手たちにとって簡単だな、と思ったときには条件を変えていくことが非常に重要です。

今日はこれができた、だったら次の日は違うことに変えよう、といったようにトレーニングを発展させていきます。1日ごとなのか、1週ごとなのか、もしくは3週間を一つのブロックにするのか、いろいろ々な方法がありますが、毎日同じトレーニングをするのではなくて、変化を与えることが重要です。

選手が「今日はこんなトレーニングだな」「このトレーニングはもうわかっている」と思った時点で成長は停滞します。そのため、変化を加える必要があるのです。メニューありきではいけません。選手にとって良いトレーニングには、選手自身が予測できない、かつ、驚くような部分も必要です。

④プレーモデルとパフォーマンスの安定

パフォーマンスの安定は、主にコンディション面の安定に大きく左右されます。週末の試合をベストパフォーマンスで臨めるようにトレーニングを期分けし負荷を設定しなければいけません。近年では、旧来の方法から「サッカーのピリオダイゼーション」「戦術的ピリオダイゼーション」の考え方がかなり一般的になっています。

プレーモデルに従ってトレーニングを進める中で、もう一つ大事になってくるのが「プレーモデルの安定」です。共通理解が高まり、プレーが安定していくと、チームとして成熟することにもつながります。個人も、チームも、試合のゲーム運びやパフォーマンス、そして結果もすべてが安定していきます。

私がかつて所属した大宮アルディージャではこういうことがありました。最初の2カ月は全然結果を出せずに苦しみましたが、勝ち始めたら21試合負けなし。シーズンをまたいでも続いた記録となりました。そこにあったのはパフォーマンスの安定です。

何を行っていたのかというと、毎日、プレーモデルに従ってトレーニングを行っていました。それが結果に結びついたのです。例えば、ボールを奪った青木拓矢選手(現浦和レッズ)がまず優先順位としてズラタン、ノバコビッチの動きを見る。それに対して周りの選手が動き出すなど、共通理解が高まることでパフォーマンスが安定していきました。結果を出す監督は、いかにパフォーマンスの安定を図るかに心血を注いでいます。プレーの安定化に重きを置くということです。そのためにはプレーモデルが明確でなければいけません。

⑤負荷と回復

トレーニングはずっと同じ負荷ではなくて、波をつけることも大事です。インテンシティの高いトレーニングを6分間やったときは、次に休息を挟んでからもう一度行う、といった波を作ることが大切なのです。

戦術的なインテンシティを高めるときは、時間の制約がある中で何回も繰り返してダイナミックにトレーニングをしていき、そこに回復を加えます。

プレーモデルに従ったトレーニングをするときは、頭の中の問題が大きなウェイトを占めています。日本人選手の問題点として、集中力が続かない、集中力が途切れやすい、と指摘されることがあります。ヨーロッパの選手はトレーニングをするときは爆発的に集中してやり切ります。

日本の少年団や育成年代のチームでは、長時間練習を行っているチームが未だに多いようですが、そうすると頭のキレが鈍るし、トレーニングにおける力の出し方に関わってきます。こうした育成年代の習慣が集中力が続かない原因となっているのです。

サッカーというゲームの集中力は、サッカーからしか学ぶことができません。サッカーに必要な集中力と認知認識プロセスはゲーム中に起こりうる状況で鍛えていく必要があります。

サッカーは攻守が頻繁に入れ替わる競技です。ゲームを通して集中力を持続させる必要があります。これは陸上競技や体操競技、または武道などの個人競技とは異なるし、同じボールゲームでもネットを挟んだバレーボールや野球とも異なります。バスケットボールやハンドボール、水球などはサッカーと同じボールゲームと括ることができるでしょう。

リフティング、対面パス、コーンドリブルなど、またはボールを使わない走り込みなどのフィジカルトレーニングは、それ自体が必要になる時期もありますが、その行為自体を何度も早く正確に繰り返すことは、サッカーのゲーム中のように、相手がいる中で技術を発揮することとは異なります。その行為自体はサッカーを構成する要素において一部であり、ゲームでの集中力とは違ってくるのです。サッカーの集中力は、複合的な動きが要求されるゲームの中でしか鍛えることはできません。そのため実際の試合に近い最大限の集中力とプレー強度を上げた状態でトレーニングを積むことが大切なのです。

**⑦インプレーの時に集中が途切れないように
トレーニングをオーガナイズする。**

日本の育成年代、または、うまくいっていないチームやアディショナルタイムで失点するチームにありがちなのが、練習で集中力が持続していなかったり、プレー強度が十分でなかったりすることです。その場合、トレーニングを見直す必要があります。特に日本人は集中力が欠けがちですが、育成年代からのトレーニング習慣が原因となっているのではと思います。

⑧ゲームインテリジェンスを鍛える

技術、戦術などは現代の選手にとって当たり前になっています。違いを作るのはこのゲームインテリジェンスの要素です。適切なトレーニングを何度も繰り返すことで身につくもので、決して遺伝的要素だけではありません。久保建英選手はバルサで育ったことでインテリジェンスが磨かれました。育成年代ではストリートサッカーに似た状況でのトレーニングも大切です。

──いつどこで？　何をすべきなのか？ → 認知速度を上げる
──最適な判断を同時にこなす能力（マルチタスク）
──先読みや予測の力を身につける
──意識から無意識にプレーができる様にするトレーニングのプロセス
──コレクティブ・インテリジェンス、集団プレーの中での意外性を高めていく（共通のアイデア）
──プレーモデルとプレー原則があることにより、創造性とプレーの先読みが引き出され効果的にチームと個々の力が発揮できる方向性が示されます。その方向性により予測できない状況も認識し解決していきます。そしてそれがゲームインテリジェンスとして身についていきます

**⑨サッカーに必要なインテリジェンスは
時間的、空間的制約の中のトレーニングで鍛えられる**

例えば、ナーゲルスマンの縦長のゲーム形式の練習では横14m縦105mのため、時間的空間的にも制限があり、常にプレーの選択を迫られることによって認知･選択･実行に負荷がかかります。

個人とチームとしてのインテリジェンスを磨くには、インテンシティの高いトレーニングが必要で、その環境には時間的・空間的な制約があるから、プレーの先を読み解く力が磨かれていきます。決してダラダラしたトレーニングでは先読

みする力は身につかないのです。日本の指導の大きな課題の一つにトレーニングの「やらせ方」の問題があるように感じます。

⑩先読みや認知の速度を上げていくために

最適な判断を同時にこなす能力、つまり、ボールが来る前に２つ、３つという状況を同時に見るとか、ボールを運びながらも周りの状況を認知するなどといった能力が重視されています。サッカーというスポーツはドリブルだけでは解決しないのです。ドリブルしながらゴールを見るとか、味方を見るとか、あらゆる複合的なプレーを実践しないといけません。例えば、守備でいえば、相手をマークをしながらもカバーを考えないといけないので、そういうマルチタスクをこなせるようにならなければいけません。

いつ、どこで、何をするべきなのか、というゲームインテリジェンスはゲームでしか鍛えられません。そのためには、トレーニングにおいても、インプレーのときに集中力が途切れないようにトレーニングをオーガナイズする必要があります。

例えば、トレーニングの際にボールがアウトになったときにはすぐにボールを供給する。アウトプレーが長くならないようにして、選手が待っている時間を短くする必要があるでしょう。１セッションで３分プレーをして、５分間休んでいたら、体を休めるのと同時に頭も休めてしまうことになります。

例えばトレーニングの時間を90分以内でおさめる場合には、その時間は頭が稼働している状態を増やし、インテンシティを上げる必要があります。これはゲーム形式だけではなくて、ドリル形式でも同じことが言えます。シュート練習なのに、待機する選手が20人も並んでいればインテンシティは下がります。数を少なくすることで、頭も体も休んでいる時間を少なくします。

集団としての意外性を発揮するために

サッカーというスポーツにおいて、集中力と認知のプロセスは、ゲームの中にプレーの原則が起こる状況を作ることで獲得できます。これは先読みや予測の能力を身につけることと同じなのですが、そうやって先読みや予測する能力を鍛えるために、ゲームで起こり得る状況、もしくは、あらかじめ設定したプレー原則が頻繁に起こるようなトレーニングを設定します。

ナーゲルスマンのトレーニングもそうです。ゲーム形式のトレーニングで常に、プレーモデルにおけるプレーの原則が起こるように設定されています。その中でトライ&エラーを繰り返します。

よくあるパターントレーニングとして、例えば、センターバックがサイドバックに出して、サイドバックが斜めのパスを入れる、というような敵がいない中でのパターンを繰り返すだけでは、身についていきません。自分が先を読んだり予測したりする能力とは、ゲームで起こり得る状況を、ゲーム形式でトレーニングすることでしか得られないのです。集団のプレーの中で、トライアングルでポジションチェンジを繰り返しながらプレーするとか、味方が引いて来たらその空いたスペースを使うとか、そういうことで集団の中での意外性を発揮していく必要があります。それが認知、選択、実行のプロセスで集団の中で生まれる意外性です。それをゲーム形式の中でどうトレーニングするかだと考えます。

トレーニングやコーチングで押さえておきたい点

①プレーモデルやプレー原則の説明を明確にし、形容詞ではなく言語化し具体的に示す

②トレーニングメニューをプレーモデルやプレー原則と明確に結びつけ、フィールド上での目的や原則をはっきりと示す

③指導の対象を明確にする
(選手、ポジション、グループ、エリアetc)

④プレーモデルに結びつかない練習をし過ぎない

⑤トレーニング中に選手への要求やフィードバックを行う

(多過ぎてもいけない)

⑥論理的な説明を行う

⑦トレーニングの構成に変化をつける

(例:毎日同じメニューにならない)

⑧プレー原則に基づかない単調なドリル練習(対面パス、コーンドリブルetc)にしない

⑨選手に対し、トレーニングプロセスの中でのコーチングにより、変化や成長が起こるようにしていく

⑩トレーニングで止まることや待っている時間が長くなったり、インテンシティが低くなったりしないようにする

「ハードワーク」「球際」「回収」

そのような声掛けでは、プレー原則やフィールド上での目的が明確にはなりません。具体的に言語化することで基準ができ、よりプレーがしやすくなります。同じボールポゼッションやビルドアップの練習でも、やり方次第では効果を生まないことがあります。エリア、方向、ポジションを明確に設定する必要があります。トレーニングを行っているときに、指導の対象が明確ではない場合があります。トレーニングの中で誰に指摘しているのか、誰に言っているのか、がわからないことがよくあります。

ポジションについての指摘も、センターバックなのか、サイドバックなのか、がわからないこともあるでしょう。「もっと速くプレーしろ！」と言ったところで、個人に言っているのか、全体に言っているのかがわからないことがあります。選手は指導者の「声」「コーチングの内容」に慣れて反応していくことが大切です。

集中が続かない原因として、以下のことが挙げられます。

①指導者の説明が長い

②アウトボールになっている時間が長い（ボールが外に出てもすぐボールが出てこない。ボールを拾っている時間が長い）

③トレーニングに移る間に時間が掛かり過ぎて、頭も体も休んでしまう

メニューの組み立てだけではなく、全体の練習をマネジメントすることが大切です。私はトレーニングをオーガナイズする際に、TR１→TR２→……と事前にトレーニングをセッティングしておき、遊園地でアトラクションをまわるように選手は移動するだけにするような段取りを心掛けています。そうすることにより、選手は水を飲むだけの休息でも必要以上に頭と体を休めることがなく、インテンシティを落とさずトレーニングに取り組めます。プレーにテンポを求めるのであれば、当然練習のテンポも必要です。

メソッド以上に大切なこと

SVホルンで日本人とヨーロッパの選手を同時に指導したときは様々気づきがあり、現在の指導や指導者講習会での内容のヒントになっています。

日本人選手よりヨーロッパの選手の方が初期段階では早く伸びていきました。通訳を介して指導していたので、正直、すべてうまく意図が伝わらないこともありましたが、ヨーロッパの選手は、例えば、5割の理解、6割の理解でもその中で「ミスを恐れず全力で」トレーニングに取り組みます。その結果、ヨーロッパの選手の方が早く伸びていったのです。オーストリアの選手たちは、例えば、タッチ数の間違いを指摘しても「あ、そうなの？」という程度で、全力でプレーしていきます。日本人選手は私の言葉を完璧に理解していたのですが、どこかでミスを恐れ、細かいところが気になって、思い切りの良さに欠け、それが成長スピードの停滞を生んでいたように感じました。

「選手は成長するためにミスをする権利がある」。

ヨーロッパの選手を指導すると違いが明確にわかります。日本と全く同じ練習をしていても、ヨーロッパでは負荷のかかり方に違いがありました。極端に言えば、彼らは常に

「150％」で取り組むことに慣れています。

帰国して現在の大学生を指導した時に、新しい練習やルールに対し「ミスしないように恐る恐る」「この理解であってるのかな？」なんて感じでお互い顔を見合いながら取り組んでいました。他のチームでも初めて指導するチームや選手はだいたいそうです。そういった選手に「ミスしてもいいから全力でやってみよう」と、声を掛けてトライすることを奨励していくと、顔つきが変わり意欲的に取り組むようになります。

プレーモデルの習得にはメンタルへのアプローチが不可欠です。プレーモデルに従ったトレーニングをするうえでは、言語化や可視化は大事なことです。選手たちの集中力を持続させられないと、試合の状況に近い練習ができないために効果が薄く、認知力や判断力は上げられません。

ミスをしないようにプレーすることで、プレー原則に伴う判断基準とは違う方向に判断が進んでしまっています。だから、私が現在指導をしている九州産業大学の選手たちにも「ミスしてもいいから思い切りプレーしよう」と口酸っぱく伝えています。そうしなければ本当にインテンシティの高いトレーニングへとつながらないからです。

こうしたインテンシティが高く、集中したトレーニングは単なるメソッドのことを指しているわけではありません。ゲームの中で時折起こる日本人の勝負弱さや日本代表の「ロストフの悲劇」などアディショナルタイムでの失点につながる可能性があります。

ヨーロッパにはクリティカル・モーメントという言葉があります。解釈としては、勝負の分かれ目の瞬間ということになります。例えば、後で振り返ったり、分析したりしたときに、ここの場面ではここにパスした方がよかった、ここのカバーが遅かった——。そのように分析できた場面についてその場では理解ができます。しかし、試合ではまた同じことを繰り返してしまいます。プレー原則や頭ではわかってることですが……。

日本人を指導して動きや思考にキレがないと感じることがあります。これは育成年代からのトレーニングの習慣として残る「時間が長くてインテンシティの低い」トレーニングの弊害ではないでしょうか。

バイエルン・ミュンヘンで監督を務めたカルロ・アンチェロッティは、決して流暢なドイツ語ではありませんでした、選手が試合後のインタビューで興味深いことを語っています。「監督が試合中ベンチから大声で指示していますが、理解はしていますか？」という記者の質問に対し、選手は「正直、試合中は何を伝えたいかわからない時もある。しかし監督が我々に何かを伝えたいのか、ということはよく伝わります」という話をしていました。もちろん完璧な言葉は大切ですが、監督の仕事では「伝えようとする姿勢」や感情を込めた伝え方がとても大切な部分になります。

「日本人はミスしたりボールを奪われたりすることに対し ナーバスになり、勇気に欠ける」

ドイツを視察した際にドイツ代表分析グループ『チームケルン』のチーフと話をしたときの言葉です。

「日本人の分析をすると、素晴らしいものが見れて、特に認知の部分では世界の強豪国と比較しても引けを取らない」

しかし、こうも指摘しています。

「ドイツにいる日本人を指導して思ったのが、技術的に高く、能力も高い選手なのに、ペナルティーエリア付近で突破やシュートを試みることなく、パスに逃げるようなプレーを選択してしまう。ボールを奪われたりミスをしたりすることに罪悪感を持っているのではないか？」

彼は優秀なアタッカーを育てていくためには、思い切った突破やシュートが不可欠で、そのためには勇気を持ったプレーが大切だと指摘していました。

日本人はなぜ1対1に弱いと言われるのか

しばしば、日本人の1対1のボールを奪う能力、ボール際の強さに関する能力が課題とされてます。ヨーロッパでは「デュエル」と呼ばれ、育成年代から身につける要素の一つでもあります。日本の育成年代で「球際」とよく指導者や選手がコーチングを行っている光景を見ますが、実際ヨーロッパで行われているような「球際」を日本で見ることはほとんどありません。例えば北川航也選手がSKラピード・ウィーンに移籍したデビュー戦で相手選手に吹き飛ばされながら、カードすら出なかった映像を見ましたが、オーストリアではよくある光景です。ヨーロッパで活躍する日本人選手たちを見ると、決して「球際」が弱いとは言えないと思いますし、吉田麻也選手（サンプドリア）や冨安健洋選手（ボローニャFC）などがディフェンダーとして活躍しているのを見ると、環境面で引き出し方が変わるように思えます。

SVホルンに所属していたハーフナー・ニッキ選手（FCトゥーン）は現在スイスの2部リーグで活躍しています。彼の日本での印象は身長が2メートル近くあり、スピードに欠け、あまり「デュエル」の部分で強さは感じない、ということでした。しかし、実際ホルンで指導してみると印象は変わりました。大柄で動きが遅いように見えますがスピードはありました。

彼は育成年代で手足も長く相手のミスを待っていても奪えたようで、それほど球際の部分を要求されなかったようです。

当時すでにヨーロッパではハイプレスハイラインが主流になりつつあり、4バックでも相手攻撃選手と同数で守備をすることが当たり前でした。ニッキは日本でのプレースタイルとの違いに戸惑いを見せ、背後のスペースを怖がっていましたが背後を気にせず積極的にボールを奪いに行くことを勧めました。経験のあるベテラン選手と組ませ、人を余る守備ではなく積極的に奪いに行くことをチャレンジさせました。オートリアリーグは「フィジカルリーグ」と言われるくらい激しいリーグですが、2部リーグで1対1の競り合いの勝率のスタッツが毎回上位にランキングされるくらいに成長しました。その後、日本でプレーする選択もあったそうですが「ディフェンダーとしてはヨーロッパでプレーする方が成長できる」とヨーロッパでのプレーにこだわり、様々な苦労があったようですがチャンスを掴みました。

守備に関しては、育成年代からの指導でアプローチや考え方の違いに問題があります。大きく分けると日本では「抜かれない守備」、ヨーロッパでは「奪いに行く守備」が優先されていることが起因しているのではないかと思います。日本によくある光景で相手に抜かれると「今飛び込むな！」「遅らせろ」などといったコーチングの光景を目にします。

ヨーロッパの各国を見ていると、国によってのスタイルに違いがあるにせよ基本は「ボールを奪いに行く」という考え方が根底にあると思います。例えば日本ではニッキのような大柄な選手が育成年代の時に、積極的にボールを奪い行って抜かれる光景はよく目にします。しかし、フランスなどでも大柄な選手は、15-16歳くらいはまだ体格も落ち着かないために、スピードのある選手に抜かれます。

しかし、ヨーロッパで積極的な守備で抜かれることに対し、指導者が指摘していることをあまり見た記憶がなく、むしろ積極的な守備をしないことに対しては指導を行います。こういった大柄な選手たちは、そういったトライ＆エラーの経験から自分にあった、守備の間合いや駆け引きを身につけていきます。

私は足掛け6年、スロベニアとオーストリアでの留学だけでなく指導、監督など実務を経験してきました。特にオーストリアでの監督業の最初は「日本的な完璧主義」を求めていました。正直、日本人は規律があり、完璧主義的であり、それが世界に誇れるものでもありますが、時として弊害になっていることも感じました。

「完璧主義」の幻想

ミスを恐れてチャレンジしない選手が生まれる要因の一つに、「不完全な状態で自分を出してはいけない」という思い込みがあるのではと思います。技術はあるのにそれが発揮できない。練習でパスやドリブルがうまいにも関わらず、試合になるとすぐにボールを取られてしまう。また、ゴール前で突破できる場面やシュートチャンスなのに、相手がいることでより確率の高い「完璧」を求めてパスを探したりします。指導の部分でも「今のはここにパス」「今のはドリブル」「ボールを取られるのなら蹴っとけ」などとコーチングが飛び交う場面が見られますが、明らかに「完璧主義」の弊害が感じられます。

ミスを恐れずチャレンジする
トライ&エラーを繰り返す

⬇

意欲が湧く

⬇

多様性・行動力・決断力・責任力・
コミュニケーション能力が磨かれていく

プレーモデルに従ったトレーニングプロセスは単なるメソッドではなく「自立したグローバルな舞台でも活躍できる」

トレーニングプロセスだと考えています。日本教育の減点法の指導ではなく、選手たちがチャレンジをするリスクを怖がらない。加点して積み上げていく指導を行うためにも、一度プレーモデルについて考えてみてください。

九州産業大学プレーモデルとトレーニングについて

私は2018年２月に九州産業大学の監督に就任して今年で３年目になります。現在チームは九州大学リーグ１部に所属しています。部員は100名を超える大所帯で４チームに分けています。過去には九州大学リーグ優勝、全日本大学選手権で３位になるなど歴史のあるチームです。またOBはJ１リーグで活躍する、田中達也選手（大分トリニータ）を始め、JFLなどで活躍しています。

私が監督に就任してから、プレーモデルを設定し、それを全カテゴリーに統一させています。３年間でプレーモデルを統一することにより、明確な基準が生まれ、育成面でもカテゴリー間の移動がスムーズになりました。大学生はまだ育成期間であるため、その点も考慮しています。

九州産業大学サッカー部
2020年プレーモデル

プレーモデル

●攻守においてコレクティブにイニシアティブを取りながら、テンポを早くアグレッシブにプレーする

●ゴールへのアプローチを優先にし、相手より多くシュートチャンスを作り得点を取る（ポジショナルプレーとカウンター）

●攻撃はゲームメイクスタイルとカウンタースタイルのハイブリッドであり、自ら主導権を持った攻撃を行う

●グループでの意外性を持ったプレー

●守備においてはコンパクトにアグレッシブに意図的にボールを奪う

プレー原則【守備】

［全体的な原則］

●奪われた後の素早い守備への切り替え、
５秒以内に奪い返す

●予測した守備（インターセプト）

●数的優位を作る

[エリア及びポジションごとの原則]

●前線からのチェイシング

●ゲーゲンプレッシング　ハイプレス・ハイライン

●縦斬りのDF、相手の攻撃を中へ誘導してボールを奪う

●コンパクトなラインを保つ

●プレス

——ハイプレス

——中盤プレス

——自陣のプレス

●プレスバック

●セカンドボールへの反応

●ボールの動きに連動したスライド

●ラインの押し上げ／ラインコントロール

●クロス対応時のポジショニング

●セットプレー

プレー原則【攻撃】

[全体的な原則]

●縦パスより斜めのパス

●1対1の状況を意図的に作り出す

●1対1→2対1の状況を作り出す（数的優位）

●広がりと深さを作る

●スペースを作り出す、スペースを使う

●３人目の動きを作り出す

●トライアングルまたはひし形を作る

●ポジションチェンジをしながらのトライアングルを保つ

●数的優位を作る

●スペースに運ぶ

●チャンスメイクの作り出し方

——１対１の状況を意図的に作り出し、仕掛ける

——３人目の動き

——PA内へのスプリントと侵入

——斜めのくさび

●ゴールへのアプローチ（縦への速さ）

——背後への動き

——縦への仕掛け

●カウンター

——ショートカウンター

——ロングカウンター

●ポジショナルプレー

[図12] ポジショナルプレーのプレー原則

[フィールド3のプレー原則]

- ●ポジションで広がりと深さを作る(敵陣全体使う)
- ●トライアングルまたはダイヤモンドの形成
- ●ハーフスペースを使う
- ●3-4人目の動きを作り出す
- ●背後のスペースを使う
- ●サイドで1対1の状況を意図的に作り出し、積極的にゴール方向に仕掛ける
- ●2対1、3対2など数的優位な状況を作り出す
- ●サイドから斜めのくさび

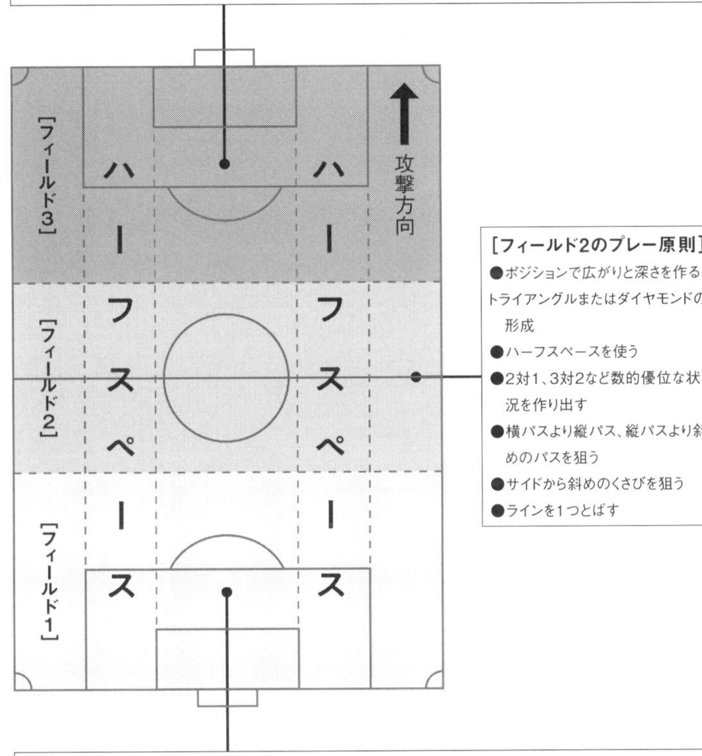

[フィールド2のプレー原則]

- ●ポジションで広がりと深さを作る
- トライアングルまたはダイヤモンドの形成
- ●ハーフスペースを使う
- ●2対1、3対2など数的優位な状況を作り出す
- ●横パスより縦パス、縦パスより斜めのパスを狙う
- ●サイドから斜めのくさびを狙う
- ●ラインを1つとばす

[フィールド1のプレー原則]

- ●ポジションで広がりと深さを作る(自陣全体使う)
- ●トライアングルまたはダイヤモンドの形成
- ●2対1の数的優位な状況を作り出す
- ●横パスより縦パス、縦パスより斜めのパスを狙う
- ●ラインを1つとばす
- ●奥にいるフィールド3、フィールド2の選手から探す
- ●ボールをフィールド2-3に早く運ぶ
- ●ロングパスは前線の1対1の状況で選択する

ミクロサイクル（週間トレーニング）の考え方

週末に行われる試合に向けて、最高のパフォーマンスが出せるように、パフォーマンスの向上と負荷の調整をしていきます。基本はボールを使ったトレーニングで行います。「戦術的ピリオダイゼーション」と「サッカーのコンディション」の２つの考えを取り入れて計画して行います。後述する要素に分けながら、プレー原則の習得や学習にフィジカル・パフォーマンスの向上や週末の試合に向けてのパフォーマンスの調整を行います。

我々のチームではボールを使わないトレーニングは一部のスプリントやアジリティトレーニング、補強トレーニングのみです。大学生は18歳から22歳と大人の育成期間になります。若い選手でありトッププロの選手ではないので、個々の育成面にも配慮しながら、負荷が低くならないようにしています。プレーモデルとプレー原則に従いトレーニングを組み立てていますが、同時にパフォーマンスの向上と維持のために、どのくらいの負荷でどのエネルギーを使いながら行うかを整理して組み立てています。

ヨーロッパのクラブでもこの年代のU-23チームなどでは２部練習を行うところもあり、多くのプロクラブではこの２

つのトレーニング理論を取り入れているところが多いですが、それぞれのクラブ独自のサイクルにアレンジしているようです。

主なトレーニング負荷の要素

①ハイ・インテンシティトレーニング（強度・テンション）

主に狭いコートでゴールを使い、少ない人数（3対3〜4対4＋GKetc）で行います。またはポゼッションゲームで狭いコートで攻守の切り替えの早さが求められ形式も含まれます。

狭いスペースで高頻度のアクション（攻守の切り替え、スプリントetc）の繰り返しを狙います。実際の試合と同じ集中力と強度（テンション）を要求し、1セット2-3分と短い時間で、ワンセット毎に最大の力を出し切ることがポイントです。そしてフィジカル的な負荷要素としてアクション間でのより早い回復が求められます。心拍数も最大に近くなります。週の前半に行うことで、週末の試合に疲れを残さないことも大切です。このトレーニングは単なるコンディションゲームとしての捉え方ではなく、プレー原則要素も含めていくことが大切で、例えば4対4＋GK、ダイレクトフリーリターンパス無しというルール設定をし、フィジカル面と戦術面の両面からアプローチしていきます。

②持久的トレーニング

プレー原則に基づいたゲームまたは紅白戦、あるいは広いスペースでのポゼッションゲームなど、広いコートと実際の試合に近づけた人数（ハーフコート以上、人数は７対７～11対11）で、トレーニング時間も長めに設定します。スペースが広くなり、移動距離が30m～40mと広範囲になりますが、選手のアクションは最大のスピードに近づくようにアプローチします。集中力の持続と、アクション間での回復を維持させることが大切です。

私は持久的要素を含んだトレーニングとして、週初めに広いスペースで長めの時間設定で持久的要素を含んだトレーニングを行なっています。

③スプリント（爆発力）・トレーニング

我々のプレー原則にはスプリント不可欠な要素であります。１対１でのスプリント形式、ダイナミックテクニックやビルドアップからのシュートなどにもスプリント（爆発力）の要求をしていき、対人系のトレーニングも一回で完結させるようなスプリントを要求するトレーニング形式で行います。

この要素にプレーモデルやプレー原則をリンクさせ、トレーニングメニューを作成していきます。

選手各自GPSとハートレートモニターを練習や試合でつけ

ており日々の練習後に、フィジカル面のフィードバックを行い、個々の状況、トレーニングの負荷を分析しトレーニング負荷の調整も行っています。

ほとんどのトレーニングはボールを使ったトレーニングですが、今年からフィットネスコーチを迎え入れ、特に我々のプレーにはスプリント能力が不可欠なため、ここではボールを使わないで、ランニングテクニック、スプリント、アジリティ、補強などを別に強化しています。ここに関してもプレーモデルに即したプログラムを組んでいます。フィットネストレーニングもプレーモデルによってトレーニングの組み方は違います。例えばアトレチコ・マドリーは長い距離を走る持久的なトレーニングが多く、グアルディオラ時代のFCバルセロナではスプリントの要素が多かったと聞きます。プレーモデルがて反映されているのです。

トレーニングを５回行う（日曜日に試合が行われる）際のミクロサイクルです。

日曜日　試合

月曜日　OFF

火曜日　週の立ち上げの日で、オフ明けは試合の疲れが残っており、体が重いのでいきなり負荷は上げないようにします。個人やグループへフォーカスするようにトレーニングをします。立ち上げの中で有酸素的なトレーニングを行いますが、ボールを使わないトレーニングは行わず、コートを広め（半面以上）に設定してポゼッション系のトレーニングを行います。副原則、副副原則（グループ、個人戦術）にフォーカスし、グループの単位も小グループで行います。トレーニングの最初に体のメンテナンス、体幹補強、怪我予防プログラム、アジリティなど30分行っています。旧来のやり方では「オフ明けは追い込む」という考えがありましたが、週末の試合に向けてリカバリーしながら立ち上げていきます。

水曜日　この日は「フットボールコンディション」または「ハイ・インテンシティトレーニング（強度・テンション）」と呼ばれるトレーニングが主になります。狭いコートでの攻守の切り替えやテンポが早いポゼッション形式、狭いコートでの３対３や４対４のゲームでインテンシティの高いトレーニングを行います。メンタル的にもゲームに対する意欲や闘争心を掻き立てられるように仕向けていきます。副原則、副副原則（グループ、個人戦術）にフォーカスし、グループの単位も小グループで行います。11対11を行う場合にはコートを1/2にして、週末に疲れを残さないためにも攻守の切り替えが早くインテンシティが高い「フットボールコンディション」を立ち上げの２日目に行います。

立ち上げの２日間は、次チームのプレー原則や個人、グループに焦点を当てるトレーニングがメインになります。

木曜日　前日の負荷が高いためにこの日は負荷を落とします。ただ戦術トレーニングになるためビルドアップからのシュートや広いコート（2/3以上）など、守備戦術トレーニング、11対11の試合形式で行います。前日の練習の負荷によって調整していきます。

試合が土曜日に行われる場合には水木のトレーニングを合わせて調整します。特に水曜日のトレーニングの負荷が高くならないように調整していきます。

金曜日　次の対戦相手の攻略などゲームプランをメインとし、紅白戦を行いメンバーの選定や相手チームに対する戦術確認を行います。

土曜日　試合に向けての準備、肉体的負荷にもメンタル的にも負荷を低く、この週に行ったことの確認を行います。セットプレーの確認相手を付けないビルドアップからのシュート、短い時間で７対７や11対11のゲームを行います。試合前日はあまり軽くしすぎると、次の日に体が動かなくなるので、パスコントロールでは短い時間で早い動きを意識し、ゲーム形式を入れ、少しテンションを上げます。

ザルツブルクの練習を視察に行った際には、前日にも関わらず切り替えの早いポゼッションや狭いコートでの３対３が行われるなど、かなり激しいトレーニングでした。奥川雅也選手は日本との違いに最初は驚いたそうです。

日曜日　試合

曜日ごとのトレーニング内容

※サンプルにした週は土曜日に試合だったため4日間で準備

10月13日（火）　19:00

立ち上げ・体のメンテナンス・補強・アジリティ 30分

ダイナミックテクニック　10分

リターンパスから斜めのパスでワンツー

TR1 AはBからリターンパスを受ける、Bは受ける前に予備動作を入れ、Aはリターンパスを受けるために斜めに下がって視野を取れるように受ける

TR2 AはBへ斜めの縦パス、Cは予備動作を入れ受けたボールを、３人目の動きで入るBをワンツーのパス交換し、Cはドリブルで Aの場所まで移動

11対11　ボールポゼッション　5ゾーンゴールゲーム

TR1 フリータッチ

５つのゾーンの中で、ボールを受けてゾーンから外へボールを運んだら得点。ゾーンへのパスはワンタッチ

TR2 フリータッチ

５つのゾーンでボールを受けた人が３人目へのパスまたは３人目から４人目へのパスでゾーンの外へボールを運んだら得点。ゾーンへのパスはワンタッチ

TR3 フリータッチ

５つのゾーンでボールを受けた人が３人目へのパスまたは３人目から４人目へのパスでゾーンの外へボールを運んだら得点ゾーンへのパスはフリータッチ

[1-3の共通したルール]

●受ける選手はゾーンの中で待ち伏せはできない

●1-3メニューに共通して、
得点を取ったら違うゾーンでの得点を狙う

●守備側はゾーンに入ってボールを奪っても良い

●ボールを奪ったチームも奪ったゾーンとは違う
ゾーンでの得点を狙う

●各セッション、得点を競い負けたら罰ゲーム

[コーチングポイント]

●スペースへの動き出しとスプリント

●スペースの使い方

●３人目-４人目への動き

●トライアングまたはひし形を形成し、ボール保持を安定させる

●広いスペースを使う（サイドチェンジ）

●攻守の素早い切り替え

３対１＋２対１＋GK

●３対１からスタート５本ワンタッチでパスをつないだら、前線の２対１のゾーンへパスが可能。受けた攻撃の選手はゴールを狙う

３対１＋２対２＋GK

●３対１からスタート５本ワンタッチでパスをつないだら、前線の２対２のゾーンへパスが可能。前線へのパスの後は２列目から飛び出し、守備も下がって３対３からゴールを狙う

※守備の選手は奪ったらラインまでボールを運ぶ

２対２＋７対７（＋１フリーマン）＋２対２＋２GK

●中央は７対７＋フリーマン、サイドは２対２から一人攻撃に参加して３対２でプレーが出来る

●得点は、ダミー人形のあるオフサイドラインを超えてパスを受けたら得点、またはサイドからのボールに対して得点が狙える。ゴール前には逆サイドの選手が入るのは可能

[コーチングポイント]

●チャンスメイクの作り方

——背後への動き出しとパス

——中央での３人目のコンビネーション

——サイドからの斜めのくさび

●ビルドアップ、中央からとサイドからの組み立て

10月14日（水）　17:40

ウォーミングアップ

ダイナミックテクニック **トレーニング例5**

TR1 コンビネーションリターンパスから

３人目へのパス、ワンツーコンビネーション

①AはBからリターンパスを受ける、Bは受ける前に予備動作を入れ、Aはリターンパスを受けるために斜めに下がって視野を取れるように受ける

②AはＣへ斜めの縦パス、Ｃは予備動作を入れ受けたボールを、３人目の動きで入るBへパス

③DはＣと壁パスでパス交換し、Dはドリブルで Aの場所まで移動

TR2 コンビネーション

フリック斜めのパスから３人目へのパス、

ワンツーコンビネーション

①AはBからリターンパスを受ける、Bは受ける前に予備動作を入れ、Aはリターンパスを受けるために斜めに下がって視野を取れるように受ける

②AはＣへ斜めの縦パス、Ｃは予備動作を入れ受けたボールを、３人目のDへ斜めのワンタッチフリックパス

③DはＡと壁パスでパス交換し、DはドリブルでAの場所まで移動

TR3 ボールポゼッション　６対６

（２フリーマン＋４対４＋２フリーマン）　３ゾーン

両サイドのフリーマンはそれぞれ斜めに配置、フリーマンにパスをしたらフリーマンは入れ替わる

フリーマンとの入れ替わりは、フリーマンの近くのゾーンからしか、パスが出せない

TR1 両サイドフリータッチ、中央ワンタッチ

TR2 両サイド２タッチ以内、中央ワンタッチ、

TR3 両サイド２タッチ以内、中央ワンタッチ

（リターンパス無し）

[コーチングポイント]

●トライアングル

●斜めのパス

●三人目の動き

●ビルドアップ　フィールド1→フィールド2→フィールド3の認知

●スペースの使い方。次のゾーンに入る動き

TR4 4対4＋GK

コートのサイドを斜めに切って、幅を狭くし背後を意識させる

①中央のオフサイドラインに対しスルーパス又はライン突破からゴールを狙う

2分×4

ダイレクトフリー・リターン無し（フリータッチの後はワンタッチ、ワンタッチパスのパス交換はOK）

3分×2

[コーチングポイント]

①背後への動き出しと突破ゴールから逆算したプレー

②3人目の動き、スペースを作る動き

11対11　ハーフコート　８分×２

①ダイレクトフリー・リターン無し

②２タッチーワンタッチ・リターンなし

（ワンタッチパスの連続はOK２タッチの後はワンタッチ）

10月15日（木）

●アジリティ＆スプリント　20分

●ダイナミックテクニック **トレーニング例7**

TR1

ダイナミックテクニック ３人目のパスからターン

①A→B→C→D→E→D→F→B の順番にボールを動かす

②Cは斜めのパスでDへパス

③Dは半身で、予備動作を入れてボールを受ける

④選手の移動はA→B→C→D→E→F→Bの順に移動

［コーチングポイント］

●ボールを受けるタイミング、予備動作を入れる

●斜めのパス、斜め方向の認知

●半身でボール受けターン

●３人目のタイミング

TR2

①A→B →C →D→E→F→Aの順番にボールを動かす

②CからDまたはFからAには浮き球

③Dは予備動作を入れてボールを受ける

④選手の移動はボールの移動の順にする

ビルドアップからシュート

●相手の攻略と自分たちのプレー原則を合わせて行う

●いくつかのパターンを示して行う

紅白戦　11対11　2/3コート　フリータッチ

10月16日（金）

●アクティベーション・スプリント

●ボール回し　6対2

●ビルドアップからシュート

●セットプレー攻撃と守備

●6対6＋2GK（40m×42m）

第4章

ダイナミックテクニックとは?

ダイナミックテクニックを知る

ダイナミックテクニックとは?

サッカーのゲームの中で動きながら
頻繁に繰り返される動的な
ボールがある時の技術と動きの技術のこと

ダイナミックテクニック・トレーニングはヨーロッパでは30年以上も前から一般的なトレーニングとして行われています。

ヨーロッパでは一般的に育成年代からプロクラブまで、幅広いカテゴリーで用いられており、２章で見ていただいたナーゲルスマンは必ずトレーニング１でダイナミックテクニック・トレーニングを行っています。ベンゲルやグアルディオラ、ルイス・ファン・ハール（元オランダ代表監督）らトッププロ監督らも日常的に用いており、多くは動きながらの技術やプレー原則の習得に幅広いカテゴリーで用いられています。

1993年、アヤックスのトレーニングを見学したときに、7、8歳くらいの子どもたちが大人顔負けの早さでプレーをしているのを見て衝撃を受けました。先日ドイツに視察に行った際にはFCケルン、シャルケなどでも各カテゴリーで必ず行っていました。

ドイツの改革で、2006年マティアス・ザマーがスポーツダイレクターに就任した際、オランダ人のマルセル・ルーカセン（現アーセナル育成ダイレクター）を招聘し、プレーモデルに必要な実践的なテクニックの捉え方を改革しました。当時若手選手だったバスティアン・シュバインシュタイガーは、ドイツ代表チームで縦パスが出せるようにボールの受け方を彼の教えで改善しました。そして、当時ヨアヒム・レーブ（ドイツ代表監督）のアシスタントを務めていたハンス・フリックを中心に、ドイツサッカー協会は年代ごとにすべきことを整えていきました。

テクニックというとボール扱いやボールタッチ、または単なる止める・蹴るなど、クローズド・スキルの技術トレーニングをイメージすることが多いかと思いますが、ダイナミックテクニック・トレーニングは日本で行われるところの「ドリルトレーニング」と理解されています。相手がいる中でのトレーニングもあるのですが、その中でコーンを使うことや、相手がいない中で行うトレーニングに対して、日本ではこういったドリルトレーニングに否定的な意見や、その効果への疑問を抱かれているように思います。

「相手がいないので現実味がない」
「ドリルトレーニングは練習のための練習では？」

もしくは、このようなトレーニングは育成年代のトレーニングとして捉えていたり、単なるウォーミングアップの一部として考えられていたりすることも少なくありません。しかし、グアルディオラが率いていたFCバルセロナ時代の練習ではメッシ、イニエスタなどの選手たちが真面目にテンションを高くトレーニングを行っていました。

ダイナミックテクニックには戦術的な部分やプレー原則的な要素も含まれます。スロベニアではTE（技術）とTE-TA（技術-戦術）は分類されており、TE-TA中にダイナミックテクニックが含まれています。オランダなどではテクニックと表現せず「Football Action」と表現する国も出てきています。

図（P4-5）で示した通りダイナミックテクニックの習得は現代モデルの選手に必要な要素になります。

近年では以前のような技術・戦術といった区別が難しくなっているのが事実です。

ダイナミックテクニックはなぜ必要なのか？

目指しているプレーモデルの実現のために、ダイナミックテクニックは現代モデルの選手に必要な要素です。

現代のサッカーはプレースピードやテンポ、そして時間的空間的プレッシャーが年々増しており、認知・選択・実行のスピードが上がる中で、「止まった中での技術」ではなく「動きながらの技術」が不可欠になっています。相手のプレッシャーを避けるためにもプレースピードを止めないことは不可欠なのです。

ヨーロッパのスピーディーなサッカーはこのダイナミックテクニックの上に成り立っていると言っても過言ではありません。以前は外国人監督たちから「日本人は止まった中での技術は得意だが……」と指摘されていることがありましたが、多くの日本人がヨーロッパで活躍しているのを見ると、環境によって引き出せる部分だと感じます。それはSVホルンで日本人を指導した際にも感じました。例えば、香川真司選手は育成年代からこの能力が高く、ヨーロッパで活躍することになります。育成年代で身につけた動的な技術が彼の活躍を支えていたと言っても過言ではないでしょう。

ダイナミックテクニックを通して、戦術やプレーの原則を学ぶことで動きを組み替えて、試合の中で力を発揮できるようになります。個人でのアクションだけではなく、味方とのコンビネーションもあわせたものとしての力を、です。

[ダイナミックテクニックに含まれる要素]

ボールがないときの技術

●フリーランニング

●マークを外す動き

●予備動作からの動き出し

ボールがあるときの技術

●パス

●ボールコントロール

●ドリブル・フェイント

●ボールを運ぶ・突破

●ターン・スクリーンターン

●ワンタッチパス

味方とのコミニューケーション（コンビネーションや戦術）

●背後へのパス

●壁パス

●リターンパスからくさびへのパス

●３人目のパス etc

これらの要素を複合的かつ包括的にトレーニングしていくことが大切です。

段階的に動的な技術の習得を目指します。そして、状況を設定したトレーニングを通して、時間的・空間的、テンポの中での習得、または、その中での技術の発揮について徐々に習得していきます。テクニックには「オフ・ザ・ボール」の動きも含まれます。

プレー原則とダイナミックテクニックの結びつき

近年では、ダイナミックテクニックは「フットボールアクション」とも呼ばれ、スロベニアでは技術–戦術と位置付けられています。３章でも説明しましたが、トレーニングをサッカー全体の一部と捉えていく必要があり、独立してトレーニングするよりも包括的にトレーニングすることで「インテリジェンス」「先読み」の能力を向上させることができます。
その関連が **[図13]** になります。

[図13]　プレー原則とダイナミックテクニックの関係性

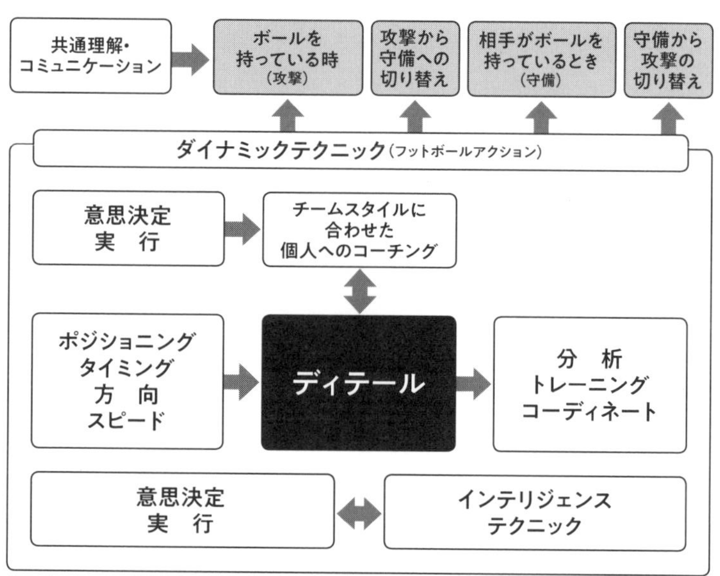

プレーモデルやプレー原則を実現させるためにあるという位置づけの中、ダイナミックテクニックや技術との結びつきがわかりやすく示されています。この中でフットボールアクションやダイナミックテクニックはプレースタイルに合わせ

た個人へのコーチングが重要になります。

よく「サッカーの原理原則は同じだ」と言いますが、チームによってプレースタイルが違うように、プレー原則も異なります。例えば、あるチームのプレー原則が「斜めのパス」であれば、当然中央からフォワードへの斜めのパスが優先事項としてありますし、違うチームであれば、プレー原則が「サイドを使った攻撃」の場合は、当然センターバックはサイドチェンジが優先事項になります。

スタイルに合わせたコーチングがディテールの「ポジション」「タイミング」そして、認知にツナがります。技術の発揮もチームの方向性や優先順位によって大きく変わります。

ディテールをどう分析しトレーニングしていくか？日本に足りない論理的な技術指導

ダイナミックテクニックの指導の中で、細かな部分の指導は大切です。ただメニューをこなして、テンポ良く行っても身についていきません。ドイツ代表が今のようなクリエイティブなプレーをするようになるまでにはトレーニングの改革がありました。

日本の技術指導を見ていると「主観的」「感覚的」な部分が目につきます。旧ユーゴスラビアはかつて「東欧のブラジル」と呼ばれていました。それを支えていたのはストリートサッカーがひとつの要因であるとここまで何度かふれてきました。しかし、客観的かつ論理的な技術指導のメソッドもありました。例えばキックの指導には10項目のチェックポイントがあります。技術指導メソッドには５段階の指導があります。こういった系統立った指導体系があった上で、ズボニミール・ボバン（元クロアチア代表）、デヤン・サビチェビッチ（元ユーゴスラビア代表）、ストイコビッチなどの旧ユーゴスラビア系の名選手たちは「オリジナル」を身につけています。

日本での指導を見ると、技術的な観点と戦術的な観点での見方があまり明確でなく、混同されているように思います。どの部分に対しても「個性」や「オリジナル」が主になる、主観的な指導が多いように思います。オーストリアで仕事をして改めて感じたことは、日本人の技術には改善の余地がまだまだあるということです。

特に「キック」の部分です。SVホルンに在籍していた権田修一選手は２部でもJリーグより「矢のような鋭いクロスボール」やオンターゲットのシュートが多いと感じていたようで、GKの成長にはシュートやクロスの質は不可欠だとも言っていました。

ただ、その中でも論理的に見る観点が大切になります。技術と個人戦術とは何か？　考え方を整理していくためには『技術と戦術それぞれの定義』の整理が必要なります。そうすることでコーチングのポイントが整理されてきます。

戦術の定義 → 試合で最も良い結果を得るために、様々な条件下での動きの選択
技術の定義 → 最も合理的かつ無駄のない動き方でプレーの状況を解決する、ボールの有無に関わらない能力

次に戦術と技術の観点の違いを説明していきます。

例１）ボールを運ぶ
技術の観点 → 左右の足でのボールの運び方、足の甲、内側、外側を使ったボールの運び方
戦術的な観点 → 敵の来る方向、スペースの使い方、味方選手との関係、フィールドの部分（自陣、相手ゴール前、サイドetc）

例２）パス
技術の観点 → 左右の足でのボールの蹴り方、インステップ、インサイド、アウトサイドを使ったボールの蹴り方
戦術的な観点 → いつ？　どこへ？　どのタイミングで？
味方選手との関係、スペースとの関係、フィールドの部分etc

指導の中でのディテールとは?

技術的観点と個人戦術の観点を区別し「ディテール」にこだわった指導が大切です。例えばダイナミックテクニック・トレーニングの一例である「スクリーンターン」をする際には、方向を変える時に相手のプレスを腕でブロックし、腕を上げ、はどちらの足で、どのタイミングでボールを運ぶかなどを細かくチェックする必要があります。パスの質やボールの蹴り方、置き方、ボールの運び方や技術の選択など、細かなことをチェックし指導することで、実践的な技術が身につきます。

「ボールがない時の動き」もテクニックの一つです。体の向きや予備動作などの動き出し、マークを外すための動きなど、ボールがないときの動き方一つで、認知できるものが増え他の選手とコミュニケーションが取れるようになり、プレーの選択肢が広がっていきます。味方とコミュニケーションを計り、状況を認知するために、必要な技術となります。

「ディテール」の部分でもう一つ大切なのは、プレーモデルの具現化のために、年齢が上がるにつれて「ポジションテクニック」を身につけることです。試合から分析し、ポジションごとに必要なテクニックを身につけさせる「個別化」が重要です。例えばセンターバックがフォワードへのパスを出すために、どのようにボールを運ぶか、またはサイドバックからどのような体の向きでボールを受けるのか。あるいはボランチの選手がセンターバックからボールを受ける際に、どのような角度や距離でボールを受ければ、フォワードへの縦パスが入れることができるかなどを指導していきます。

そして連動して、フォワードはどのような動きをして相手センターバックのマークをかわすのか、トップ下はどのような動きをするかなど部分からチーム全体に連動してつなげていきます。ここの部分はシュチュエーションテクニックになります。

ダイナミックテクニックの中で大事なのは、プレーに必要な要素を抜き出すことです。中でも大事なのが、ポジショニング、タイミング、方向です。これらのプレーに必要な要素を繰り返してトレーニングすることで、ゲームの中で無意識でプレーできるようになります。

ダイナミックテクニックは適切なドリルを通して身につけていきます。まずは敵がいない中でのトレーニングから、徐々にゲーム形式のトレーニングにつなげていくことが大切です。

ダイナミックテクニックのトレーニングデザイン

それでは、ダイナミックテクニックのトレーニングをどのように組み立てればよいのかメソッドを説明していきます。

[トレーニングを組み立てる際に考慮する点]

●戦術的そしてプレー原則に沿った内容

●2つ以上のアクションを組み合わせる

●動きながらプレーする

●動きのタイミングを意識する

●フリーランニング(マークを外す、予備動作、サポートなど)

●ポジショニングを意識する

●スプリントや速い動きを意識する

●スピードとテンポ(2-3アクションを全力で)

プレー原則の項目で説明しましたが、トレーニングに戦術的要素、またはプレー原則が含まれたものである必要があります。プレー原則の「3人目の動き」「斜めのパス」「ポジションチェンジ」などの作り出したい動きを、組み込んでいくことが重要です。育成年代であれば 将来に必要な「ターン」「スクリーンターン」など盛り込まれていることが大切です。もちろんボールがないときの動き、マークを外すことやボールを受ける「ポジショニング」も不可欠です。「なんとなく面白いから」「FCバルセロナでやっていたから」などといった理由ではなく、プレーモデルにあったものや対象の選手に将来必要なものを選んでください。

２つ以上の動作を組み込むことの例を挙げれば、「ボールをもらう動きからドリブル」「フェイントで抜いた後にパス」などといった動作を組み合わせることで、よりコミュニケーションが必要になり、実戦的になります。「動きながら」「動くタイミング」「ポジショニング」「動きの速さ」「方向」を意識することにより、より実戦的になり、味方とのコミュニケーションでは「方向」や「ポジショニング」において認知の部分が出て、「先読み」の力が養われます。

こういったトレーニングを、ウォーミングアップの一環で行っている際に、よく見かけるのは「同じリズムで」「ゆっくりした動きでだらだら」と行っている光景です。実際のゲームで活かす、またはプレーモデルを実現させるために必要なポイントからずれていると思います。

おそらく、「何をどう行うか？」が正しく整理されていない、つまり、指導者のトレーニングのやらせ方の問題です。

例えば、ホッヘンハイムで行っていたものの一例で言えば、「全力でのアクション」です。もちろん、これはプレー原則やスタイルに紐づけられたものですが、その中で、プレースピードやテンポの要求は不可欠です。

サッカーの動きにおいて、ずっと速く動くことや、10回連続するような動きはほとんどありません。多くは３、４回のアクションであり、例えば「動き出す→ターン→シュートまたはパス」とか「動き出す→ターン→パス→サポートまたはワンツー」といった一連の動作を全力でやること、または、スピードやリズムの変化をつけることでより実戦的になります。

[トレーニング形式]

●グリット形式

●コーンを使った形式

▶三角形、四角的、
六角形、多角的etc

●ゲーム形式

▶ゴール無し

▶ゴール有り（ラインゴール、ミニゴール）

▶GKあり

主に上記のような形式になります。みなさんが行っているトレーニングの形式もこのような分類になるかと思います。

トレーニングは、「段取り」と「トレーニングの場の設定」

[グリッド形式]

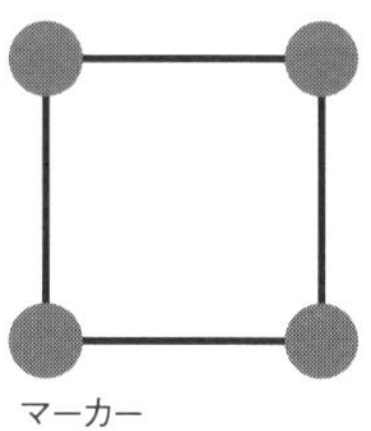

[コーンを使った形式]

①縦方向

②縦方向(中央に障害物)

③Y字

④三角形

⑤四角形

⑥六角形

で８割は決まります。コーチングに集中し、選手の動きに目を向ける工夫が大切です。選手は「緊張感」「集中力」があるトレーニングを行うことで、よりトレーニングにのめり込み、「トライ&エラー」をより多く繰り返すことができます。

[オーガナイズの際の注意点]

●多くの繰り返しができること

●トレーニングのテンポやリズム

●集中が途切れないための設定

▶グループの適切な人数

▶動きの範囲

▶リザーブボールの準備

●選手のプレーをチェックしやすい場の設定

反復することでトライ&エラーを重ねることができますので、すぐに繰り返せるトレーニングの状況を作っておきます。２つ３つのアクションを速く行い、休息し、繰り返すことができる様にしていきます。緊張感と集中力を保ち、頭と体を必要以上に休ませないことは、ゲームのテンポやリズムを身につけるためにも大切です。

何度も繰り返す上で、集中が途切れないトレーニングの設定も大切なファクターとなります。人数と動きの範囲が適切でなければなりません。選手の待ち時間が少なくなるような適度なグループ数にして、1つのグループを何人で組ませるのか。人数を多くしたときにはボールを複数使うような配慮をします。トレーニングの狙いと合わせて移動する距離は調節する必要があります。

もちろん、週の中でのトレーニングの負荷として、スピードを要求するのか、有酸素的に行うかでエネルギーの使い方と負荷が変わります。例えば、グリットの中、コーンを使ったドリルトレーニングで、動きの範囲や順番を明確にすることで、選手が集中するだけではなく、指導者のチェックが容易になります。特にジュニア年代の場合は集団での行動に慣れていないので、範囲を決めることで目が届くようになります。

また、ボールが出たりミスをしたりしても、すぐに他のボールで始められる工夫をすることで集中力が続きます。よく見かける光景として、選手がボールを取りに行っている間は他の選手たちが待っているというもの。指導者はいかに選手を稼働させるかが大切になります。

当たり前ですが、ダイナミックテクニックだけでは、実戦で力を発揮できるようにはなりません。

トレーニングを発展させ、多様性や柔軟性を身につけることが大切です。

[ダイナミックテクニックを発展させる手順]

①ダイナミック・テクニック

②シチュエーション・テクニック

(ポジションを当てはめて行う形)

③ポジショナルプレー形式(ゴール有り/無し)

④サッカーのアクション形式

1対1 2対2 3対2……またはアクション形式の

組み合わせ、2対2+2対2など

⑤ゲーム形式

ダイナミックテクニックのトレーニングで行ったことを、ゲーム形式の練習の中で意図的に発揮できるようにしていきます。ゲーム形式の練習と、ダイナミックテクニックは関連付いたものでなければなりません。

ここでのトレーニングは3章で紹介した「発見誘導型のトレーニング」にもなります。

［ダイナミックテクニック 1］

スクウェアパス①

※動画あり

ボールの動き　人の動き　ドリブル

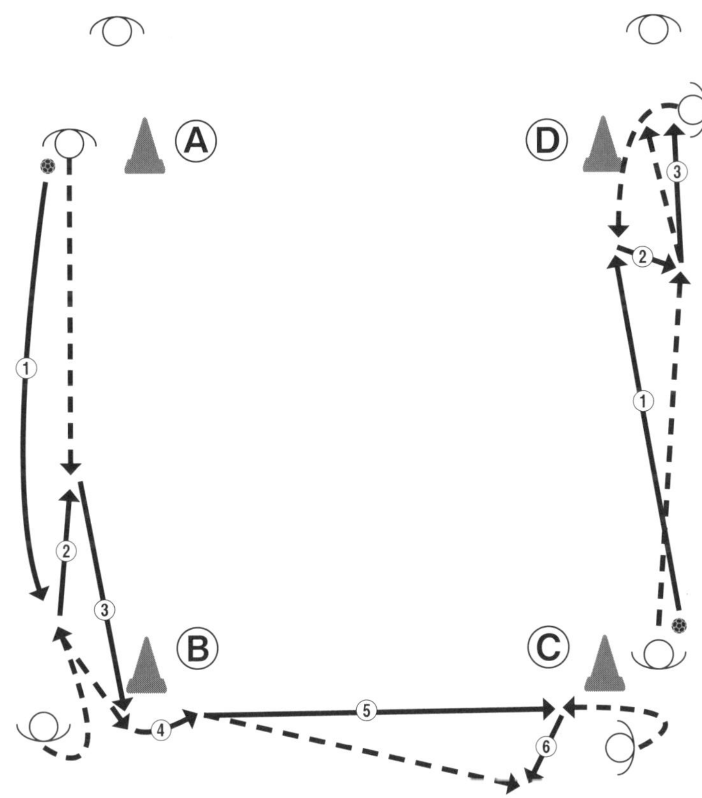

■進め方またはルール

①Aは動き出しのタイミングを見てBにパス
Bは逆の動きを入れてボールを受ける

②Aはリターンパスを受けるために素早くBをサポート

③Bはリターンパスをし、素早く下がりながら、
Cを見つつ再びボールを受ける

④Bは素早くCの方向にボールを運び、Cとパス交換

■ポイント

●Aはパスの強さとサポート

●BはAからボールを受ける動きのタイミング。
素早く移動しながら BはCと目を合わせ
コミュニケーションを取り、視野をもつ

●CはBがボールを出せるタイミングを見て
予備動作からの動き出しでボールを受ける

[ダイナミックテクニック 1]

スクウェアパス②

※動画あり

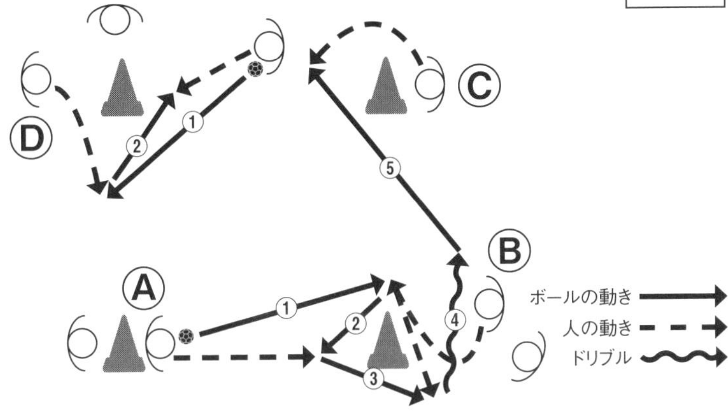

■進め方またはルール

①Aは動き出しのタイミングを見てBにパス
　Bは内側で受けるが逆の動きを入れてボールを受ける

②Aのパスを出した人は素早く
　リターンパスを受けるためにサポート

③Bはリターンパスをしたら素早く下がり、
　Cを見ながら再びボールを受ける

④Bは素早くCの方向にボールを運び、Cとパス交換

■ポイント

●Aはパスの強さとサポート

●BはAから受けるタイミング、移動しながら
　Cとのコミニュケーションと視野をもつ

[ダイナミックテクニック 2]

フェイントから突破→リターンパス

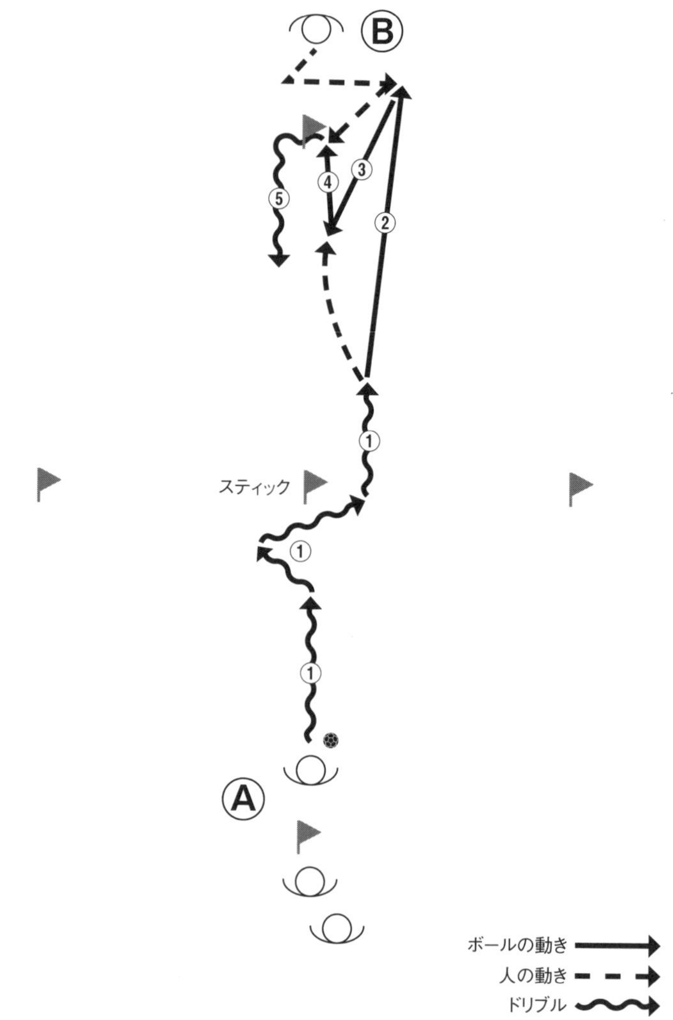

■進め方またはルール

①AとBは両サイド同時に中央へドリブル、
スティックの手前で左に仕掛けて右に抜いていく
②仕掛けの後はスピードを上げる
③逆側の選手とリターンパスでパス交換し、繰り返す
④止まらずに繰り返していく
⑤時間で抜く方向を変えていく

■ポイント

●フェイントの際のスティックからの間合い（約1m）
フェイントから突破の際にはスピードを上げる
●スピードと方向の変化（ゆっくりから速く）
●ボールをもらう動きからの突破

[ダイナミックテクニック 2]

ドリブル・スクリーンターン

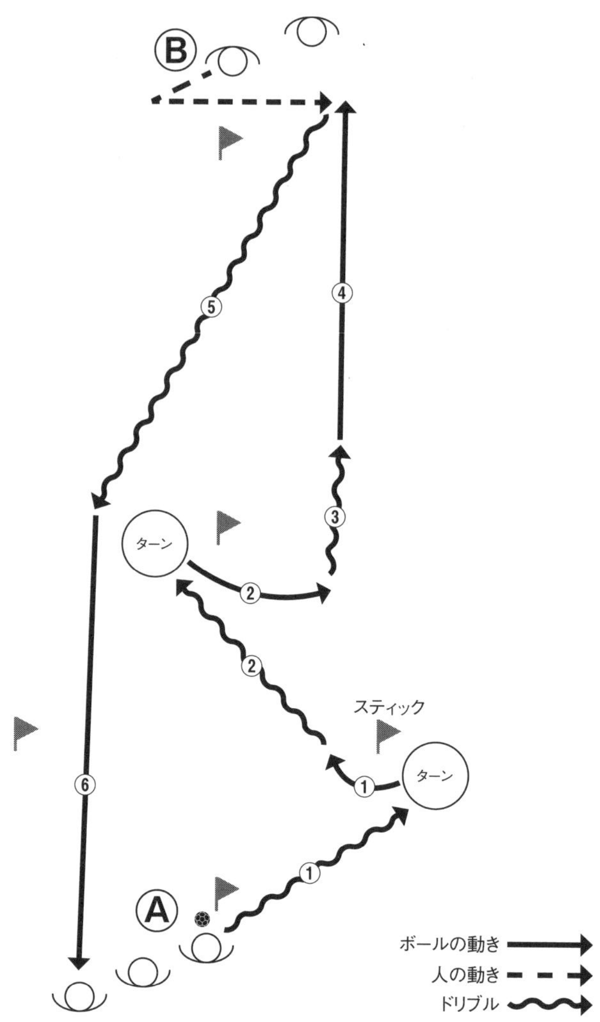

■進め方またはルール

①Aはスティックに向かって右足でドリブル

②スティックの手前で、右足のアウトサイドでターンして、方向を変える時に左足に持ち替える。この際相手をブロックするため、左手を上げる

③次のスティックの前では左足のアウトサイドでターンし、前を向いたら素早く、Bに縦パスを入れてBとワンツーをする。Bはボールをもらう方向と逆に予備動作を入れて、Aと壁パスのコンビネーションを行なう

④反対サイドも行う

■ポイント

●スクリーン・ターンの際、相手をブロックするために手を上げる。ターンの際に素早く逆足に持ち替え、少しスピードを上げる

●ターンした後に顔を上げる

●ターンのバリエーション
（インサイドターン／クライフターン 他）

［ダイナミックテクニック 3］

パス&コントロール（ターン）

※動画あり

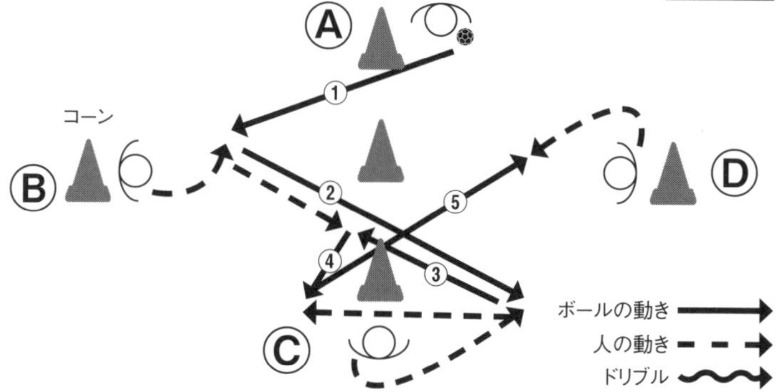

■進め方またはルール

①AがBに縦パスを入れる。コーンの間に立っているBは逆の動きを入れて半身で受けてからターンをする

②Bは素早く前を向き、Cにクサビのパスを入れる

③Cは逆の動きを入れて、Bと１タッチでパス交換（パス・コンビネーション）をする

④Cはファーストタッチの後Dに縦パスを入れる

⑤各選手は１プレー後に、次の場所に移動する

■ポイント

●ターンする前後の受け方、タイミングとファーストタッチ

●ボールを出すタイミング

●スピーディーにテンポよく行う

［ダイナミックテクニック 3］

パス&コントロール（スクリーン・ターン）

※動画あり

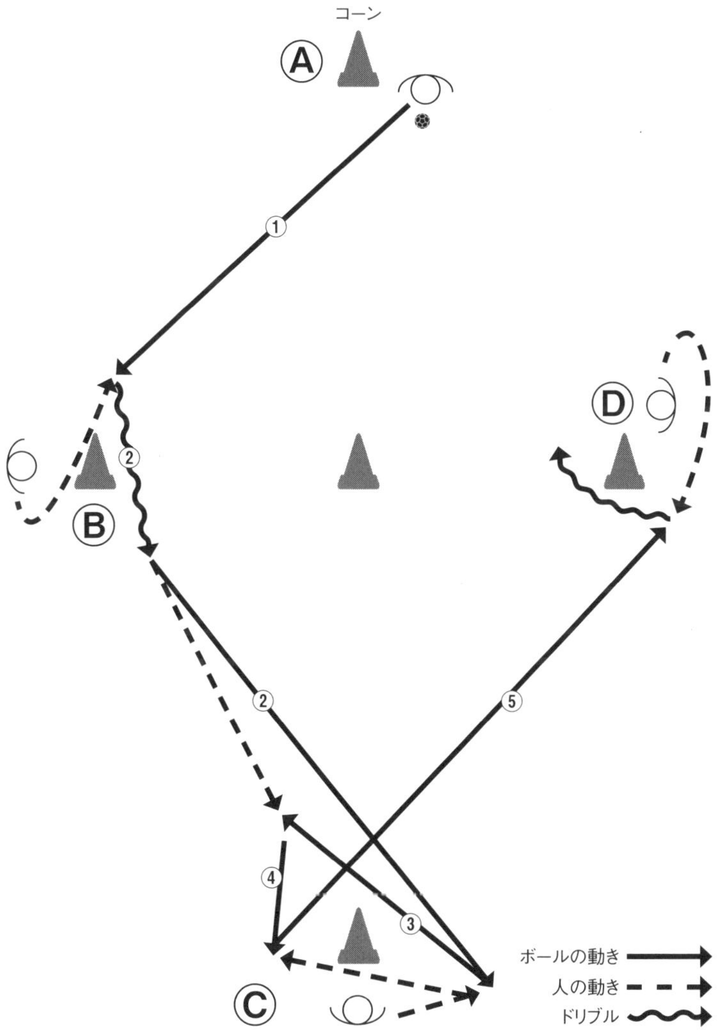

コーン

A

B

C

D

ボールの動き

人の動き

ドリブル

■進め方またはルール

①AがBに斜めのパスを入れる。コーンの外側に立っているBは逆の動きを入れ、コーンを相手に見立ててコーンから遠い方の足でボールを受けてスクリーン・ターンを行う

②Bはスクリーンをしながら素早く前にボールを運び、Cへくさびのパスを入れる

③Cは逆の動きを入れてからBと1タッチでパス交換(パス・コンビネーション)をする

④Cはファーストタッチの後にDに縦パスを入れる

⑤各選手は1プレー後に、次の場所に移動する

■ポイント

●スクリーン・ターン前後のボールの受け方、タイミング、ファーストタッチ

●ボールを出すタイミング

●スピーディーにテンポよく行う

［ダイナミックテクニック 4］

六角形パス（3人目のパス）

※動画あり

ボールの動き　人の動き　ドリブル

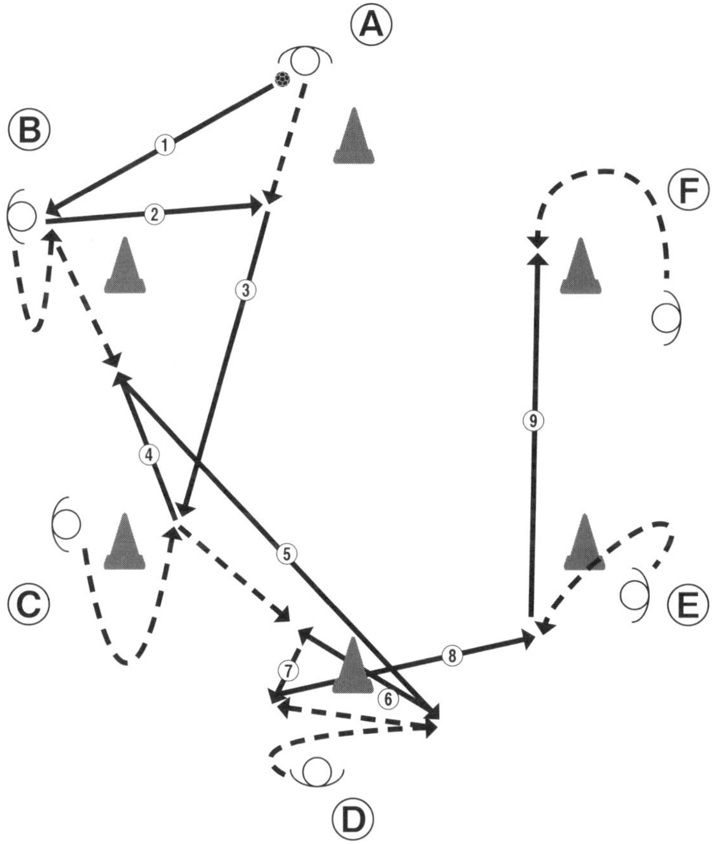

■進め方またはルール

①AはBにパス、Bは予備動作を入れてAにリターンパス

②Aはリターンパスを Cにパス、Cは予備動作を入れて、

Aから縦パスを受ける

③BはCから「３人目の動き」でボールを受ける。

Bはスプリントでボールを受けて、Dへ縦パスを入れる。

Dは予備動作を入れてボールを受ける

④Cは３人目の動きでDとパス交換

⑤AからDまでのパスをスピーディーに行う

■ポイント

●ボールを受けるタイミング、予備動作を入れる

●３人目のタイミング、スプリントでボールを受ける

●パスのスピード

[ダイナミックテクニック 4]

六角形パス（ターンからのパス）

ボールの動き ➡　人の動き ‐ ‐ ➡　ドリブル 〰➡

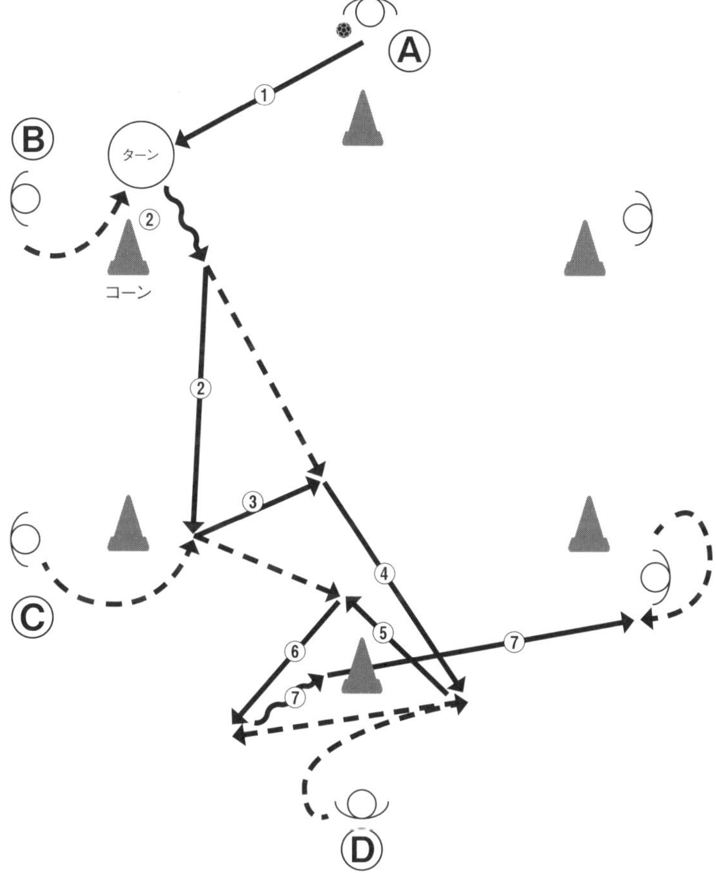

■進め方またはルール

①AはBにパス、Bは予備動作を入れて
　コーンの前でターンする

②Bはターンパスの後Cにパス、Cは予備動作を入れて、
　ボールを受け、Bにリターンパス

③BはDへ縦パス。Cは３人目の動きでDとパス交換

④AからDまでのパスをスピーディーに行う

■ポイント

●ターンから縦パス

●ボールを受けるタイミング、予備動作を入れる

●３人目のタイミング、スプリントでボールを受ける

●パスのスピード

［ダイナミックテクニック 5］

3人組のコンビネーション

※動画あり

ボールの動き　人の動き　ドリブル

■進め方またはルール

①AはBに横パスを入れ、Bは１タッチで落とす

②Aは再び１タッチで斜めにくさびのパスを入れる

③Cは予備動作を入れボールを受け、1タッチでBに落とす。
ボールを受けたBは再び１タッチでDに縦パスを入れる

④AからDまでのパスをスピーディーに行う

■ポイント

●ターンから縦パス

●ボールを受けるタイミング、予備動作を入れる

●３人目のタイミング、スプリントでボールを受ける

●パスのスピード

［ダイナミックテクニック 6］

コンビネーション～ゴールまで

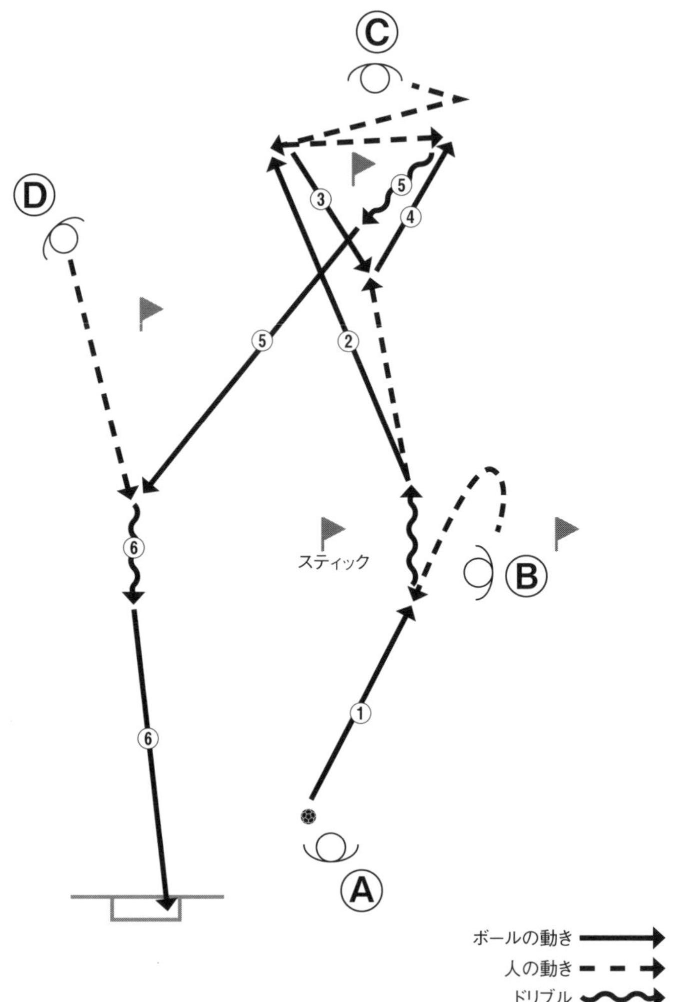

■進め方またはルール

①AがBに縦パスを入れ、スティックの間に立っているBは逆の動きを入れてから半身でボールを受けてターンをする

②Bは素早く前を向き、Cにくさびのパスを入れる

③ボールを受けるCは逆の動きを入れてから
Bに1タッチでリターンをする

④BはCに1タッチでパスし、
Cは再び1タッチでDにスルーパスを出す

⑤Dは動き出しのタイミングを伺いながら、
良いタイミングでスペースへスプリント
最後はゴールにシュートを打つ

■ポイント

●ゴールをつけることで選手の目線が
上がっているか注視する

●ターンする前後のボールの受け方、
タイミング、ファーストタッチ

●ボールを出すタイミング

●スプリントしながらのボールの受け方

●スピーディーにテンポよく行う

［ダイナミックテクニック 7］

3人目のパスからターン①

※動画あり

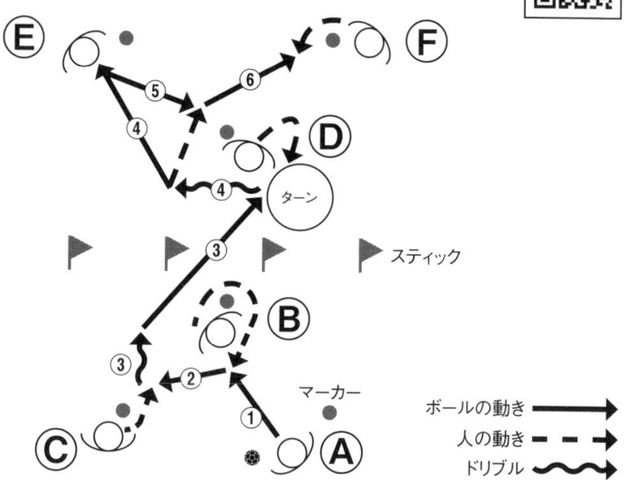

■進め方またはルール

①A→B→C→D→E→D→F→Bの順番にボールを動かす

②Cは斜めのパスでDへパスを入れる

③Dは半身で、予備動作を入れてボールを受ける

④選手はA→B→C→D→E→F→Bの順に移動をする

■ポイント

●ボールを受けるタイミング、予備動作を入れる

●斜めのパス、斜め方向の認知

●半身でボール受けターン

●３人目のタイミング

[ダイナミックテクニック 7]

3人目のパスからターン②

※動画あり

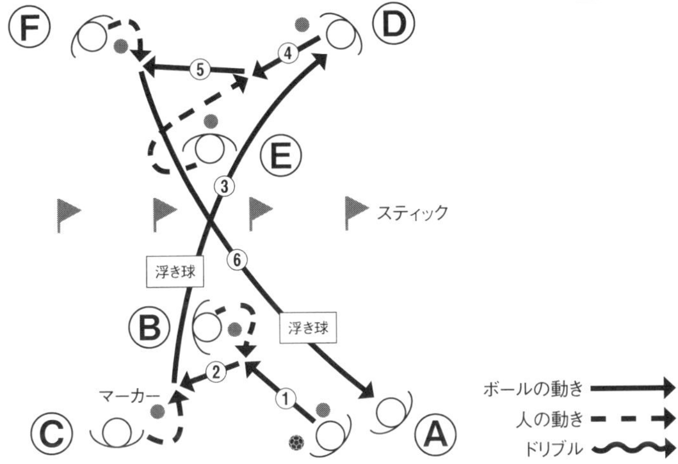

■進め方またはルール

①A→B→C→D→E→F→Aの順番にボールを動かす

②CからDまたはFからAには浮き球のパスを入れる

③AまたはDは浮き球をコントロールして縦パスを入れる

④選手はA→B→C→D→E→F→Aの順に移動

■ポイント

●ボールを受けるタイミング、予備動作を入れる

●浮き球で斜めのパス、遠い方向の認知

●３人目のタイミング

[ダイナミックテクニック 8]

色違いビブス／パス交換 [図はTR3]

※動画あり

ボールの動き　人の動き　ドリブル

■進め方またはルール

TR1 色違いの人へパスを入れる。ボールを2つ使うことで常に視野を広く持つように意識させる

TR2 ビブスの色でパスの順番を決め、その順にボールを二つ使ってパスコントロール。次にパスを出すビブスの色の選手を見ながらボールを受けなければならないため先読みのトレーニングとして有効。タイミングを見て、順番を逆にさせるなど、マンネリ化させない工夫をする

［ダイナミックテクニック 8］

色違いビブス／パス交換 ［はTR4］

ボールの動き → 人の動き → ドリブル →

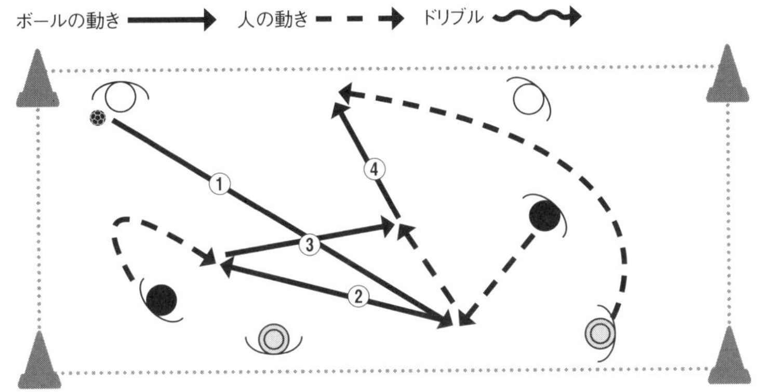

■進め方またはルール

TR3 ビブスの色でパスの順番を決める（例：赤→赤→青→青→黄→黄　など）。同じビブスの色の選手には、1タッチで、違う色のビブスの選手には、2タッチでパスをする。同色でのパス交換は、セカンドアクションを入れる。パスを出す人だけでなく受ける人もスペースの認知をする。タイミングを見て、順番を逆にさせるなど、マンネリ化させない工夫をする

TR4 **TR3** と同様にパスの順番を決める。同色ビブスの選手は、1タッチのリターンパスを受けてから他の色の選手へパスをする。ボールを受ける選手は出し手の状況を見ながらスペースに動き出す

[ダイナミックテクニック 9]

ゲーム形式（1対1+1対1+2GK）

※動画あり

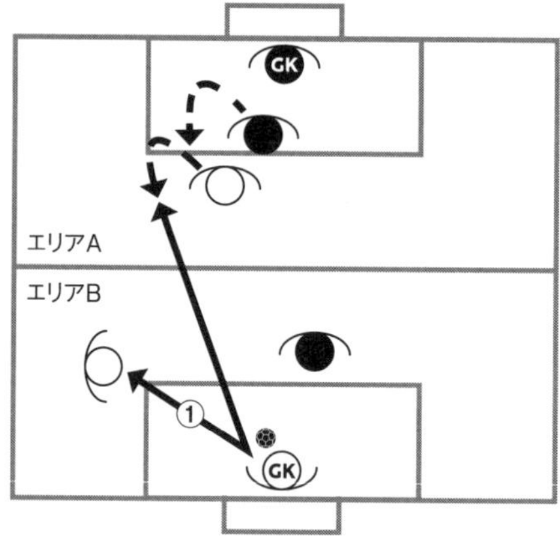

■進め方またはルール

①ペナルティエリアを２つ合わせたグリッドを設け、
各エリアで１対１を行う

②エリアからエリアの移動はできない

③シュートは、お互いに
ゴール寄りのエリアからしか打てない

■ポイント

- ボールをもらう動き、マークを外す動き
- ボールの運び方
- マークのつき方、ボールの奪い方、ボールを奪った後
- ボールがない時のポジショニング

［ダイナミックテクニック 9］

ゲーム形式（1対1+2対2+2対2+1対1+2GK）

※動画あり

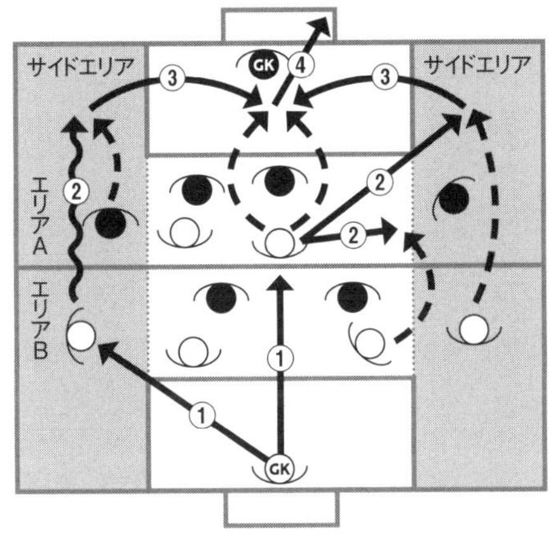

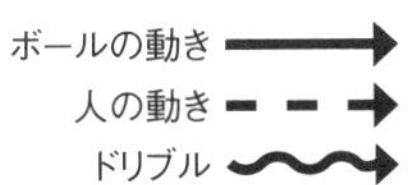

■進め方またはルール

①ペナルティエリアを2つ合わせたグリッドとサイドエリアを設け、両ゴール前では2対2、サイドエリアでは各サイドで1対1を行う

②攻撃方向に対し、サイドとゴール前に中央から数的優位を作りに行く（サイドは2対1、中央3対2）

③シュートは、自陣ゴール前以外は可能

■ポイント

●縦方向に攻め、背後を狙う

●エリアを越えた時、素早く3人目が侵入する

●縦からサイド、サイドから中と変化をつける

第5章

プレーモデル作成問答

Q1 フィロソフィーの設定、あるいは、
プレーモデルはどう構築すればいいでしょうか?

A プレーモデル、フィロソフィーはそんなに難しいものではありません。自分たちはどういうスタイルにするのか。リアクションなのか。アクションなのか。まずそれを決めます。

■解説

プレーモデルを構築する際のキーワードとしては「攻撃的にプレーをする」「コレクティブに集団として攻撃的にプレーをする」ということになると思います。あるいは、「自分たちがイニシアティブをもったプレーをする」「自分たちが攻守において主導権を持ったプレーをする」これらがフィロソフィーに当たるものになるでしょう。

攻撃時に、マイボールの場合はリアクションではなくて自分たちからアクションを起こす。一方、守備で自分たちからア

グレッシブに主導権を握るというのは「奪われたら相手のミスを待たずに意図的にボールを奪いに行く」ということ。

この場合の、プレーモデルは何かというと「ハイプレス・ハイライン」「奪われたら５秒以内に奪い返す」。自分たちがポゼッションスタイルならば、その先にあるプレー原則は「トライアングルを作りながらパスコースを作る」「バックパスと横パスよりも斜めのパスを優先にする」「スペースがあったらまずゴールから逆算したプレーをする」などでしょうか。それらがある前提で、試合の展開によってカウンターなのか、ボールをポゼッションするのか、状況によって決めます。

まず自分たちがどういうスタイルなのか。リアクションなのか、アクションなのか、主導権を握るのか、相手に主導権を渡すのか。シンプルにいえば、フィロソフィーと言えるものはそういうものになります。

プレーモデル、フィロソフィーはそんなに難しいものではありません。自分たちはどういうスタイルにするのか。リアクションなのか。アクションなのか。まずそれを決めます。例えば、自分たちがアクションを起こしたいのならどうするか。であれば、ボールを保持することが大事になるし、ではどういうトレーニングをするのか、ポゼッショントレーニングだったらこう、その中で縦パスが優先されるといったプレー原則が付いてくる、といった感じです。

Q2 日本と海外の違いを踏まえて、プレーモデルを構築する際に気をつけていることはありますか?

A まず明確な大きな枠組みとしての原則を設定することです。

■解説

日本と海外の違いでいえば、私が経験したスロベニアやオーストリア、オランダやドイツにしても、まず大きな原則が明確です。国であったり、チームであったり、に関わらず明確な共通理解があります。だから選手が自分の力を迷わず出せるのです。その意味でいえば、日本の方が少し細かいところから入る傾向が強いです。全体から部分、部分から全体というトレーニングの積み上げが理想だと思いますが、日本の場合は、大きな原則というよりも、最初から細かいところ、そしてさらに細かいところへ、となりがちな印象を受けます。

とはいえ、ヨーロッパでやっていることが絶対に正しいわけではありません。ただ、いろいろな監督から学んだ実感として、すべてに共通するのは、大枠としてのプレーの原則がわかりやすい、ということです。これは育成年代の指導者にしてもわかりやすいです。そこが大きな違いであり、プレーモデルを構築するときに気をつけるべきところでしょう。

Q3 日本は細かいところから入ってしまう、一方で、海外は大きい原則が明確でわかりやすい、というのは具体的にはどのようなところでしょうか?

A 優先順位がはっきりしているから、選手たちのトライが生まれるということです。

■解説

例えば、マイボールのときに優先順位がはっきりしているということです。明確に設定されたプレーモデルの中に「優先すべきは縦パス」という項目があったとしましょう。その明確なプレーの優先順位があれば、選手たちはトライするでしょう。しかし、明確なものがないとき、選手たちが縦パスを入れることをトライしたときに指導者が「今の横パスだろ！」と言ってしまったとしたら、選手たちはどうすればいいのかわからなくなってしまうことがよくあります。もうトライしなくなるかもしれません。どのようにすれば縦パスが入れられるのかを指導し、優先順位を定めることで、選手たちのトライが生まれるということです。まずは優先順位の高いものを身につけさせていくことが重要だということです。

Q4 プレーモデルとは年代によって変わるものなのですか?

A 変わりません。基本的にはトップから育成年代まですべて同じです。

■解説

プレーモデルの構築というのは、国単位であれば、一つの国のスタイルに対して、育成年代からトップまでのプレーを構築していくことにあります。クラブであれば一貫指導において、10年というスパンでトップの選手へ育成していくために積み上げていくことにあります。

よって、育成年代とトップで大きくプレーモデルが異なることはありません。ジュニア年代ではポゼッションスタイルで、U-16以上がカウンタースタイルになるということはありません。ただ、ゲームプランによって、勝ち負けがあるので、ポゼッションスタイルのチームがカウンター主体で戦うゲームも出てくるとは思いますが、「自分たちのスタイルはこれだよね？」というものは明確にあるということです。

Q5 プレーモデルを作るにあたってのコツやポイントを教えて頂きたいです。

A 文化や地域性、目の前のいる選手たちの個性を見極める必要があります。

■解説

一番大切なのは、時代遅れの選手を作らないためにも、指導者がまず「『モダンなサッカーとは何か？」を理解することだと思います。

その上で、文化や地域性を踏まえて構築していくこと、そして、選手の個性を消さずに引き出すように持っていくことが大事になります。

Q6 普段指導の際にこだわっているポイントなどはありますでしょうか?

A トレーニングをしっかりと成功させることだと思います。

■解説

トレーニングをしっかり成功させることです。1時間半のトレーニングで4つのセッションがあったとすると、終わった後に、今日は何をやったのかを選手がしっかり理解できているかどうかが重要になります。学んだことを言葉にできたり、実感できたり、そのようなトレーニングの設定が必要だと思います。

また、緊張感と集中力をどのように作り出すかも大事です。特に緊張感です。厳しいとか、怖いとか、そういうもので緊張感を保つのではなく、練習に集中して入り込んでいるか。練習をやっているのに選手の気が散っていないか。もちろん、選手のレベルによっては集中していなければ注意をすることもありますが、大事なのはトレーニングの設定でしょう。トレーニングを繰り返す回数、レベルに応じたグリットの大きさなどがしっかりしていれば、必然的に選手たちはトレーニングに集中できるし、緊張感が保てるものです。

Q7 日本でもたくさんの情報が本やネットで手に入れられます。そんな中で海外に指導者留学する意味や意義について、どうお考えでしょうか。

A やはり現地に行かないと学べないことは多いと思います。

■解説

海外に行かないと学ぶべないことはたくさんあります。ネットなどで情報を仕入れられると思っている方も多いと思いますが、やはり現地に行かないと学べないことは多いと思います。練習の緊張感、選手の取り組み方、トレーニングの組み立て方、どうやって指導者が声をかけているか、選手へのアプローチの仕方、それらの細部は現地に行かないと学べません。プレースピードなども実際に行かないとわからないものでしょう。また、プレーのモデルに従ってどうトレーニングを構築するのか、という点についていえば、日本では学べない部分だと思っています。

Q8 海外から日本に帰ってきて感じる、日本人指導者の当たり前と、海外での指導者の当たり前、その違いは何でしょうか。

A 欧州の指導者たちは選手と対等の立場でコミュニケーションを取ります。

■解説

様々あると思いますが、例えば、日本の指導者は選手が自分の言うことを聞いてくれると思っている、というところでしょうか。欧州の指導者たちは選手とも対等にコミュニケーションを取ります。ヨーロッパでは子どもだろうと大人だろうと、指導者が論理的に伝えないと、「わからない」という顔をされます。その意味で、その関係性には対等というものがあると思います。一方、日本の育成年代の指導者は子どもは自分の言うことを聞くべきだと思っているかもしれません。しかし、ヨーロッパでそういう関係性はありません。指導者は子どもを立場でごまかすことはできないので、伝えたいことを論理的に話すことで納得させるしかないのです。

Q9 これまでのサッカー人生において最も影響を受けた人物(指導者・監督など)は誰ですか?

A 私が最初に目標としたのは祖母井秀隆さんです。

■解説

そもそも私が大阪体育大学のサッカー部に入ったきっかけが祖母井さんでした。

大学時代に受けたサッカーの指導が斬新で「これがヨーロッパの指導か」と実感したのを覚えています。サッカーは共通理解が大事ということを教えてくれたのも祖母井さんでした。オフトが日本代表監督に就任する前からアイコンタクトという言葉も使っていたし、当時の日本サッカー界では最先端の指導を受けられた影響は非常に大きかったのです。

また、大学２年の頃に「ヨーロッパに行って指導者の勉強がしたい」という意思を伝えると、スロベニア行きの準備を手伝ってくれましたし、大学３年の頃には、プレーヤー兼コーチとして活動させてくれました。祖母井さんを通じてベルデニックを知ったし、まさにヨーロッパへの道を開いてくれた存在なので、自分の１番最初の目標であり、今でも尊敬する存在です。

おわりに

この本を書き終えて、自分の今までを振り返ると人との出会いに本当に恵まれていたと思います。それは出会ってきた指導者だけではなく、出会ってきた選手たちもそうです。「私が育てた」という想いより、むしろ「選手から学ばせてもらった」と思う気持ちが強くあります。

指導者は職人のようなものだと思います。職人たちは師匠の技を見様見真似で身につけていきます。上手くいかなければ、師匠のやってることを見て、試行錯誤しながら一人前になっていきます。恥ずかしながら、若い頃は「トレーニングが上手くいかないな」と悩む日々も少なくありませんでした。学んだ理論や出会ってきた指導者からの教えを、私なりにトライ＆エラーを繰り返し、指導者としての「虎の巻」を作り上げてきました。

私は本書を通して、ヨーロッパ的な何かを押しつけることやこうしなければならないといったことを言いたいのではなく、みなさんが楽に指導し、指導者仲間のみなさんが自分なりの「虎の巻」を持つきっかけになればという気持ちです。

ヨーロッパ２カ国で足掛け６年生活しましたが、一番学べたのは「ホスピタリティ」と「オープンな会話」の重要性です。これは指導理論以上に私自身に影響を与えた部分です。ヨーロッパのどんなビッグクラブや名将たちであってもホスピタリティに溢れていました。そしてお互いのオープンな会話からアイデアや共通認識が生まれていくコミュニケーションの大切さを理解していました。そしてもう一つ「リスクを恐れずチャレンジ」していくことです。スロベニアで、ある人に教えてもらったのは「リスクを恐れてチャレンジしなけば、次はもっと大きなリスクが待っている」ということです。

私自身これからも常に「自分にしか出来ないこと」にチャレンジし続けて行きたいと思っています。私に大きな影響を与えてくれた三人の師、祖母井秀隆さん、ズデンコ・ベルデニックさん、故ブランコ・エルスナーさん、この場をお借りして心から感謝を申しあげます。

トレーニング動画収録にあたり、ご協力いただいた九州産業大学サッカー部スタッフ、部員のみなさん、ありがとうございました。

最後に、この本を出版するにあたり、初めてのことで慣れない私に、多大な作業とアドバイスをして頂きました、株式会社カンゼンの編集・高橋大地さん、フリーランスの鈴木康浩さんには心から感謝申し上げます。

濵吉正則

参考文献

Elsner.B (1984) / METODIKA DELA Z NOGOMETAŠI

Elsner.B (1993) / Nogomet training mladih

Elsner.B (1999) Nogomet Teorija igre

Elsner.B , Verdenik.Z , Pocrnjiĉ.M (1996) /
Trener C NOGOMETANE ZVEZE SLOVENIJE

Elsner.B , Verdenik.Z , Pocrnjiĉ.M (1996) /
Trener B NOGOMETANE ZVEZE SLOVENIJE

Verdenik.Z (2003) / Z JEFOM VAVOZGOR-SKUPAJ DO ZMAGE

Verdenik.Z (1997) / MODEL IGRE SLOVENSKE REPREZENTANCE

Verdenik.Z (2010) Metodika uĉenja igre

Verdenik.Z (2010) Metodika uĉenja igre v napadu

NOGOMETANE ZVEZE SLOVENIJE (2016)
RAZVOJNA POT NOGOMETAŠA OD IGRE DO IGRE od5.do19.leta

Fussball Training (philippka sportverlag)

Timo Jankowski / coaching soccer (mayer&sport)

Juan L.Bordonau PhD,Jose A M.Villanueva PhD /
TACTICAL PERIODAIZATION A PROVEN SUCCESSFUL TRAINING MODEL
(soccertutor)

レイモンド・フェルハイエン／
オリジナルガイド サッカーのピリオダイゼーション (ワールドフットボールアカデミー)

ハンス・オフト／Coachin — ハンス・オフトのサッカー学 (小学館)

結城麻里／フランスの育成はなぜ欧州各国にコピーされるのか
世界最先端のフットボール育成バイブル (東邦出版)

カンゼンのサッカー書籍

フットボール クラブ哲学図鑑

【著者】西部謙司
A5判／272ページ

ヨーロッパの厳選20クラブの哲学を知れば、現在のフットボールシーンをより楽しむことができる

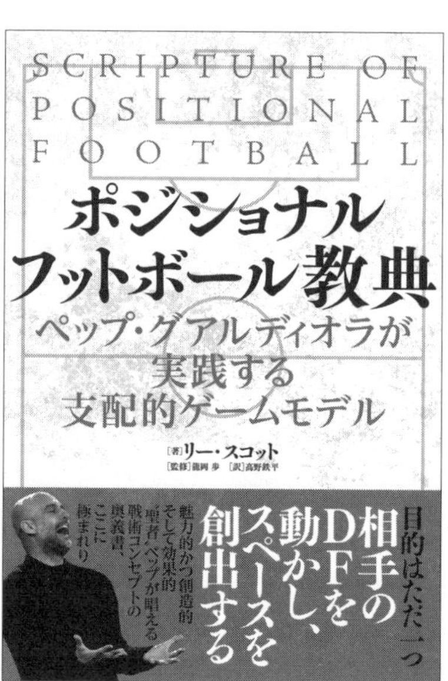

ポジショナル フットボール教典

ペップ・グアルディオラが
実践する支配的ゲームモデル

【著者】リー・スコット
【監修】龍岡 歩　【翻訳】高野鉄平
四六判／312ページ

世界的名将、ペップ・グアルディオラが用いる戦術コンセプトとは。アナリスト、リー・スコットが綴る

濵吉正則

MASANORI HAMAYOSHI

1971年7月5日生まれ　兵庫県出身
UEFA PRO COACHING DIPLOMA
九州産業大学サッカー部監督

大阪体育大学卒業後1995-99年にスロベニアへコーチ留学。リュブリアナ大学体育学部在籍中、スロベニア代表に帯同しながら、NK JEZICA、NK DOMZALE、HIT GORICAなどでU-10やU-18など下部組織の監督を務める。帰国後は柏レイソルU-18監督、名古屋グランパスU15監督、名古屋グランパス、徳島ヴォルティス、ギラヴァンツ北九州などでトップチームコーチやスカウトを務める。UEFA PRO COACHING DIPLOMA（UEFAプロ コーチングライセンス）を2003年に取得。2016年にSVホルン（オーストリア）の監督に就任すると、3部リーグ優勝、2部リーグ昇格を果たし、欧州のプロクラブを率いた初めての日本人として注目される。現在は大学サッカー部の監督を務めながら、指導者向けのセミナーを行っている。

ブックデザイン
松坂 健（TwoThree）

図版作成
岩本 巧（TwoThree）

DTP
TwoThree

動画撮影協力
九州産業大学サッカー部のみなさん

カバーPH
iStock

編集協力
鈴木康浩／吉田柚香子／片山実紀

編集
高橋大地（カンゼン）

個を育て、チームを強くするフレームワークの作り方

発行日　2021年1月18日　初版

著　者　濵吉正則
発行人　坪井義哉
発行所　株式会社カンゼン
〒101-0021
東京都千代田区外神田2-7-1 開花ビル
TEL 03(5295)7723
FAX 03(5295)7725
http://www.kanzen.jp/
郵便為替 00150-7-130339
印刷・製本　株式会社シナノ

ISBN 978-4-86255-573-1
Printed in Japan
定価はカバーに表示してあります。

ご意見、ご感想に関しましては、kanso@kanzen.jpまでEメールにてお寄せ下さい。お待ちしております。